高等职业技术院校汽车类专业

汽车制造工艺学习题册

季小峰 主编

中国劳动社会保障出版社

简　介

本习题册是高等职业技术院校汽车类专业教材《汽车制造工艺学》的配套用书。习题册内容紧扣教材的教学要求，注重基础知识的巩固和基本能力的培养，知识点分布均衡，题型丰富，难易适当，有助于学生复习巩固所学知识。

本习题册由季小峰主编，由管梅、滕桂红参加编写。

图书在版编目（CIP）数据

汽车制造工艺学习题册/季小峰主编. -- 北京：中国劳动社会保障出版社，2020

ISBN 978-7-5167-4412-3

Ⅰ.①汽…　Ⅱ.①季…　Ⅲ.①汽车-生产工艺-高等职业教育-习题集　Ⅳ.①U466-44

中国版本图书馆 CIP 数据核字(2020)第 036007 号

中国劳动社会保障出版社出版发行

（北京市惠新东街 1 号　邮政编码：100029）

*

北京谊兴印刷有限公司印刷装订　　新华书店经销

787 毫米×1092 毫米　16 开本　6.5 印张　153 千字

2020 年 3 月第 1 版　　2024 年 5 月第 3 次印刷

定价：14.00 元

营销中心电话：400-606-6496

出版社网址：http://www.class.com.cn

http://jg.class.com.cn

目　录

模块一　汽车制造工艺概述

课题一　汽车生产过程和制造工艺过程

一、填空题

1. 汽车的生产过程主要由________、________、________等组成。

2. 汽车的制造工艺过程包括________、________、________等。

3. 毛坯成形工艺过程是将原材料通过________等方法制成一定形状和尺寸的________的工艺过程，也包括________和________。

4. 铸造属于金属液态成形，是将________的合金液浇注到________中，待其________后得到零件毛坯的生产方法。

5. 锻造属于金属塑性成形，是指合金材料受力产生________而形成所需________的加工方法。

6. 汽车模锻件是通过锻模锻造得到的，即利用锻模对________而使之在模膛内依靠________而成形。

7. 粉末冶金成形属于毛坯或制品成形，其生产过程包括________、________和________三大生产环节，属于粉末烧结成形技术。

8. 零件机械加工工艺过程是进一步改变________的过程，也称为提高零件________和________的机械加工工艺过程。

9. 区分工序的主要依据是________和________。

10. 根据企业的生产性质和生产纲领的不同，生产类型可分为________、________和________。

二、选择题

1. 工艺过程是指（　　）。

   A. 在生产过程前改变生产对象的尺寸、形状、相对位置和性质的过程

   B. 在生产过程后改变生产对象的尺寸、形状、相对位置和性质的过程

   C. 在生产过程中改变生产对象的尺寸、形状、相对位置和性质的过程

   D. 在任何时候改变生产对象的尺寸、形状、相对位置和性质的过程

2. 以下（　　）不属于工艺过程。

   A. 工序　　　　B. 工程

C. 工位　　　　D. 工步

3. 以下（　　）不是工序的三要素。

A. 一个（或一组）工人　　　　B. 一个工作地

C. 连续地加工　　　　D. 一次安装

4. 在机床上加工零件时，先加工零件的一端，然后调头再夹紧零件加工另一端，该加工是（　　）道工序（　　）次安装。

A. 一　一　　　　B. 一　两

C. 两　一　　　　D. 两　两

5. 车削一批工件的外圆时，先粗车，再半精车，上述工艺过程应划分为（　　）。

A. 两道工序　　　　B. 一道工序

C. 两个工步　　　　D. 一个工步

6. 由一个工人在一台设备上对一个工件所连续完成的那部分工艺过程，称为（　　）。

A. 走刀　　　　B. 工步

C. 工位　　　　D. 工序

7. 以下对工序集中描述不正确的是：（　　）。

A. 工序集中可减少装夹次数　　　　B. 工序集中可提高生产率

C. 工序集中可使机床结构简单化　　　　D. 工序集中有利于生产的组织和计划

8. 工序集中的优点是减少了（　　）的辅助时间。

A. 测量工件　　　　B. 调整刀具

C. 安装工件　　　　D. 以上都是

9. 工序分散到极限时，工序的内容为（　　）。

A. 一个工步　　　　B. 两个工步

C. 十个工步　　　　D. 不确定

10. 切削刀具在加工表面切削一次所完成的工步内容，称为（　　）。

A. 工位　　　　B. 安装

C. 走刀　　　　D. 工步

11. 为完成一定的工序部分，一次装夹工件后，工件与夹具或设备的可动部分所占据的每一个位置，称为（　　）。

A. 工步　　　　B. 工序

C. 工位　　　　D. 装夹

12. 工步的三要素是：（　　）。

A. 加工表面、切削刀具、切削用量

B. 加工表面、切削刀具、切削进给量

C. 加工表面、加工机床、切削用量

D. 加工精度、切削刀具、切削用量

13. 下述关于工序、工步、安装之间关系的说法正确的是：（　　）。

A. 一道工序可分为几次安装，一次安装可分为几个工步

B. 一次安装可分为几道工序，一道工序可分为几个工步

C. 一道工序可分为几个工步，一个工步可分为几次安装

D. 一道工序只有两次安装，一次安装可分为几个工步

14. 生产类型划分的依据是产品的（　　）。

A. 年需求量　　B. 年生产量

C. 年销售量　　D. 月销售量

15. 一般使用流水线生产的是：（　　）。

A. 特别生产　　B. 单件生产

C. 成批生产　　D. 大量生产

16. 重型机械或专用设备的制造属于（　　）。

A. 单件生产　　B. 大量生产

C. 成批生产　　D. 小批生产

17. 某汽车零件要求年产量30万件，采用模具进行批量生产，则生产制造所需要的这副模具的生产类型属于（　　）。

A. 大量生产　　B. 成批生产

C. 单件生产　　D. 无法确定

18. 下列生产类型对于操作工人的技术水平要求最高的是：（　　）。

A. 大量生产　　B. 成批生产

C. 单件生产　　D. 无法确定

三、判断题

1. 生产过程是将原材料转变为产品的过程。（　　）
2. 机械产品的生产过程只包括毛坯的制造和零件的机械加工。（　　）
3. 汽车车身覆盖件和骨架零件大多由金属板料冲压成形。（　　）
4. 塑料的成形与应用是实现汽车轻量化的重要途径。（　　）
5. 采用热处理方法可提高产品质量，延长零件使用寿命。（　　）
6. 在生产中虽然生产对象不同，但制造、加工和装配工艺过程都可相同。（　　）
7. 工序是机械加工工艺过程的基本组成部分。（　　）
8. 工序集中，则使用的设备数量少，生产准备工作量小。（　　）
9. 工序集中优于工序分散。（　　）
10. 工件在加工前，使其在机床上或夹具中获得正确而固定位置的过程称为安装。（　　）
11. 一道工序只能有一次安装。（　　）
12. 运用多工位夹具，可减少工件安装次数，缩短工序时间，提高生产率。（　　）
13. 单件、小批生产往往按工序分散的原则组织生产。（　　）
14. 对于批量小、尺寸小、结构形状简单的零件一般采用工序分散。（　　）
15. 大量生产采用高效专用机床加工时，对操作工人的要求较高，而对调整工人的要求较低。（　　）
16. 汽车制造企业试制车间的生产属于单件生产。（　　）
17. 大量生产中自动化程度较高，要求工人的技术水平也高。（　　）
18. 工序的集中与分散只取决于工件的加工精度要求。（　　）

四、名词解释

1. 机械加工工艺过程

2. 工序集中

3. 工序分散

4. 复合工步

五、简答题

1. 简述汽车的生产过程及其所包含的工艺内容。

2. 简述工序集中的特点。

3. 简述工序分散的特点。

4. 什么是产品的生产纲领？它对于制定生产工艺有何作用？

课题二　汽车零件机械加工方法及经济精度

一、填空题

1. 零件机械加工尺寸精度的获得方法有________、________、________、________、自动控制法等。

2. 调整法的实质是利用机床上的________或________或预先调整好的刀架，使刀具相对于________达到一定的________，然后加工一批工件。

3. 定尺寸刀具法是利用________的刀具加工，加工面的尺寸由________决定。

4. 自动测量控制法是将________、________和________组成一个自动加工控制系统，并依靠该系统自动完成加工过程。

5. 零件机械加工形状精度的获得方法有________、________、________和________四种。

6. 刀具运动轨迹取决于________的切削成形运动，因而所获得的形状精度取决于________。

7. 成形法所获得的形状精度，取决于________和________。

8. 在加工过程中，一般来说，形状精度________尺寸精度，位置精度大多________相应的尺寸精度。

9. 所谓的加工经济精度是指在正常的加工条件下（采用符合________和________，使用________的工人，不延长加工时间）的一种加工方法所能保证的________和________。

10. 有色金属和不锈钢不宜采用磨削加工，因为有色金属易使砂轮________，因此，应改用________或________等切削加工方法。

二、选择题

1. 下列关于试切法的说法正确的是：(　　)。
   A. 生产率较高、适用于小批生产　　B. 生产率较低、适用于小批生产
   C. 生产率较低、适用于大批生产　　D. 生产率较高、适用于大批生产
2. 下列关于调整法的说法正确的是：(　　)。
   A. 技术要求低、适用于小批生产　　B. 技术要求高、适用于小批生产
   C. 技术要求高、适用于大批生产　　D. 技术要求低、适用于大批生产
3. 定位误差主要发生在按（　　）加工一批工件的过程中。
   A. 试切法　　B. 调整法
   C. 定尺寸刀具法　　D. 主动测量法
4. 下列不属于定尺寸刀具法的是：(　　)。
   A. 用钻头、铰刀、拉刀加工孔
   B. 用丝锥攻制螺纹孔
   C. 用三面刃铣刀加工保证工件槽宽的尺寸
   D. 用齿轮滚刀加工齿轮的轮齿
5. 一个完整的工艺系统由（　　）构成。
   A. 机床、夹具、刀具和量具　　B. 机床、夹具、刀具和工件
   C. 机床、量具、刀具和工件　　D. 机床、夹具、量具和工件
6. 在大量生产零件时，为了提高机械加工效率，通常加工尺寸精度的获得方法为(　　)。
   A. 试切注　　B. 调整法
   C. 定尺寸刀具法　　D. 主动测量法
7. 下列孔加工方法中，属于定尺寸刀具法的是：(　　)。
   A. 钻孔　　B. 车孔
   C. 镗孔　　D. 磨孔
8. 刀尖轨迹法中的轨迹是指（　　）。
   A. 刀具运动轨迹　　B. 工件运动轨迹
   C. 机床运动轨迹　　D. 轨道运动轨迹
9. (　　) 法适用于汽车零件的大批生产。
   A. 找正装夹　　B. 划线装夹
   C. 夹具装夹　　D. 以上都不对
10. (　　) 不是加工经济精度所指的正常的加工条件。
    A. 采用符合质量标准的设备和工艺装备
    B. 使用标准技术等级的工人
    C. 采用工序集中减少装夹次数
    D. 不延长加工时间

11. 公差等级越（　　），表面粗糙度值越（　　）。

A. 高　小　　　　B. 高　大

C. 低　小　　　　D. 低　大

三、判断题

1. 因为试切法的加工精度较高，所以主要用于大批、大量生产。（　　）
2. 试切法加工工件尺寸的误差取决于工人的技术水平和计量器具的精度，质量不稳定。（　　）
3. 调整法不需要复杂的装置，也可以达到很高的精度。（　　）
4. 调整法就是不断调整刀具的位置。（　　）
5. 采用铣床夹具时，刀具的位置由对刀块确定。（　　）
6. 调整法的加工精度及稳定性好、生产率高、加工尺寸稳定。（　　）
7. 调整法对机床操作工人的技术水平要求高，但对机床调整工人的技术水平要求不高。（　　）
8. 调整法广泛用于半自动机床或自动生产线加工。（　　）
9. 定尺寸刀具法操作方便，生产率较高。（　　）
10. 定尺寸刀具法的精度取决于刀具尺寸精度，也取决于工人的技术水平。（　　）
11. 主动测量法需要使用精密的仪器。（　　）
12. 主动测量法是机械制造的发展方向和计算机辅助制造（CAM）的基础。（　　）
13. 自动测量控制法适用于多品种、大批生产的汽车制造业。（　　）
14. 采用数控机床加工凸轮轴上的凸轮比用仿形机构加工生产率要高很多。（　　）
15. 仿形法适用于大批加工形状较复杂的零件。（　　）
16. 成形刀具的加工精度取决于成形刀具的形状精度和其他成形运动精度。（　　）
17. 工件表面相互位置要求取决于工件的装夹（定位和夹紧）方式及其精度。（　　）
18. 工件的尺寸精度得到保证时，形状精度和位置精度一般也能够得到保证。（　　）
19. 加工经济精度是指一个确定的数值，而不是指一个精度范围。（　　）
20. 被加工表面尺寸公差值小的，对应的表面粗糙度值也一定小。（　　）
21. 被加工表面的表面粗糙度值小的，尺寸公差值也一定小。（　　）
22. 在生产加工中，能达到的精度越高越好。（　　）
23. 采用高效率工艺的前提是保证加工质量。（　　）

四、名词解释

1. 试切法

2. 主动测量法

3. 仿形法

4. 展成法

五、简答题

1. 零件表面相互位置精度的获得方法有哪些？哪一种适用于汽车零件大批生产？

2. 选择加工方法时应考虑哪些主要因素？

课题三　汽车机械制造工艺文件

一、填空题

1. 按工艺文件的作用可将其分为____________和______________两类。

2. 企业应该根据零件的生产类型，在__________、__________、__________的原则基础上，选择________________的工艺过程。

3. 机械加工工艺过程卡是__________________的基础，也是________________、__________________和__________的依据。

4. 机械加工工序卡详细地说明________________的要求，是用来具体指导_____________的工艺文件。

5. 机械加工工序卡一般用于____________生产的零件，它更详细地说明整个零件在____________的要求。

6. 检验工序卡是用于指导______对______、______的零件进行检验的工艺文件。

7. 工艺文件的详简程度主要取决于______和______。

二、判断题

1. 由于各汽车制造企业具体情况不同，在实际生产中，每个零件的生产工艺过程不是唯一的。（ ）

2. 工艺文件有统一的格式，企业不可自行制定。（ ）

3. 工艺规程是按一定的格式和要求写成文件形式，要求企业有关人员必须严格执行的指令性文件。（ ）

4. 工艺过程卡一般不直接指导工人操作，多用作日常生产中各项管理和统计工作的依据。（ ）

5. 在单件、小批生产中，工艺过程卡也可以直接用于指导生产。（ ）

6. 机械加工工序卡是指导生产的最详细的文件。（ ）

三、简答题

1. 简述机械加工工艺规程的内容。

2. 机械加工工艺规程文件有哪几种形式？各有什么作用？

模块二　工件的定位和装夹方法

课题一　定位基准的概念

一、填空题

1. 根据应用场合和作用，基准可划分为__________和__________两大类。

2. 加工工艺包括__________、__________、__________等基本过程，对应的工艺基准又细分为__________、__________、__________和__________四种。

3. 定位基准由实际存在的__________或__________作为定位基面。

4. 机械加工的首道工序是__________，只能用__________作为定位基准，这种定位基准称为__________。

5. 在工序中，采用__________、__________作为定位基准，此时称为精基准。

6. 工序基准应尽可能与__________重合。为使定位或试切测量方便，工序基准可与__________或__________重合。

二、选择题

1. 对于一个零件来说，在（　　）个方向上只有一个主要设计基准。

A. 1　　　B. 2

C. 3　　　D. 4

2. 对于一个零件来说，设计基准往往同时又是：（　　）。

A. 工艺基准　　　B. 定位基准

C. 测量基准　　　D. 装配基准

3. （　　）不属于工艺基准。

A. 工序基准　　　B. 定位基准

C. 设计基准　　　D. 装配基准

4. 定位基准是指（　　）。

A. 机床上的某些点、线、面　　　B. 夹具上的某些点、线、面

C. 工件上的某些点、线、面　　　D. 刀具上的某些点、线、面

5. 工序基准是指（　　）。

A. 设计图中所用的基准　　　B. 工序图中所用的基准

C. 装配过程中所用的基准　　　D. 用于测量工件尺寸、位置的基准

6. 测量零件已加工表面的尺寸和位置所使用的基准为（　　）。

A. 工艺基准　　B. 设计基准

C. 测量基准　　D. 定位基准

7. 下列说法中，只有（　　）是正确的。

A. 设计基准包括工序基准、定位基准、测量基准和装配基准

B. 工艺基准包括工序基准、定位基准、测量基准和装配基准

C. 工序基准包括设计基准、定位基准、测量基准和装配基准

D. 以上说法都不对

8. 夹具设计中，应（　　）作为定位基准。

A. 采用毛坯表面　　B. 选择与加工面无直接关系的表面

C. 选择较小的表面　　D. 尽量选择加工表面的工序基准

三、判断题

1. 设计基准可能是抽象的几何元素，也可能是工件上的具体几何元素。（　　）
2. 设计基准一定是实际存在的。（　　）
3. 定位基准（基面）有粗基准和精基准之分。（　　）
4. 粗基准一定用于未加工过的表面。（　　）
5. 工序基准应尽可能与设计基准重合。（　　）
6. 只有工件的外表面才能做定位基准。（　　）
7. 设计机床夹具时，应尽量使工件的定位基准与工序基准重合。（　　）

四、名词解释

1. 设计基准

2. 工艺基准

3. 基准重合原则

五、简答题

1. 工艺基准有哪几种？各有什么作用？

2. 什么是定位基面、定位粗基准和精基准？

课题二　工件装夹与机床夹具

一、填空题

1. 加工过程中，实现________________与________________“贴合”的工艺装置称为夹具。

2. 在每次加工零件之前，在设备上将工件________、________的过程称为装夹。

3. 工件装夹的首要任务是________________，保证被加工件的________与________之间以及被加工表面之间的____________。

4. 机床夹具是围绕____________________而设定的，通常由______________、____________、____________、____________、____________和其他装置组成。

5. 机床夹具按使用的机床不同可分为__________夹具、__________夹具、__________夹具、__________夹具、__________夹具和齿轮机床夹具等。

6. 机床夹具按使用范围可分为______________、______________、______________、______________四种基本类型。

7. 通用夹具的特点是______________、______________，但______________，广泛应用于单件、小批生产中。

8. 专用夹具的特点是____________，操作__________、__________、__________，能够保证较高的____________和____________。

二、选择题

1. 夹具不能起到（　　）的作用。

A. 减少工序　　B. 保证加工精度

C. 提高生产率　　D. 减轻工人劳动强度

2. 机床夹具是机械加工工艺系统的一个（　　）组成部分。

A. 重要　　B. 次要

C. 一般　　D. 不需要

3. 工件在机床上加工时，通常由夹具中的（　　）来保证工件相对于刀具处于一个正确位置。

A. 夹具体　　B. 定位装置
C. 夹紧装置　　D. 辅助装置

4. 加工时，用来确定工件在机床或夹具中正确位置所使用的基准为（　　）。

A. 工艺基准　　B. 定位基准
C. 测量基准　　D. 设计基准

5. 以下（　　）不属于机床夹具的三大组成部分之一。

A. 夹具体　　B. 定位装置
C. 对刀装置　　D. 夹紧装置

6. 机用平口钳是常用的（　　）。

A. 专用夹具　　B. 通用夹具
C. 拼装夹具　　D. 组合夹具

7. 下列夹具中，（　　）不是专用夹具。

A. 钻床夹具　　B. 铣床夹具
C. 车床夹具　　D. 三爪自定心卡盘

8. 下列说法中，不正确的是：（　　）。

A. 一般情况下，机床夹具具有使工件在夹具中定位和夹紧两大作用
B. 夹具相对于机床和刀具的位置正确性，要靠夹具与机床、刀具的对定来解决
C. 工件被夹紧后，就自然实现了定位
D. 定位与夹紧是两回事

9. 夹具的定位与夹紧必须要（　　），这是对夹具的最基本要求。

A. 保证满足本工序的加工精度要求　　B. 提高机械加工生产效率
C. 降低工件的生产成本　　D. 具有良好的工艺性

10. 工件一般有两类加工精度要求，即（　　）。

A. 尺寸精度和位置精度　　B. 尺寸精度和表面粗糙度
C. 位置精度和表面粗糙度　　D. 表面粗糙度和热处理

11. 下列说法中，正确的是：（　　）。

A. 工件定位时，若定位基准与工序基准重合，就不会产生定位误差
B. 在批量生产的情况下，用直接找正法装夹工件比较合适
C. 采用欠定位方案，既可保证加工质量，又可简化夹具结构
D. 在夹具设计中，经常采用不完全定位方案

12. 在大批生产中广泛采用（　　）。

A. 通用夹具　　B. 专用夹具
C. 成组夹具　　D. 组合夹具

13. 机床夹具必不可少的组成部分有（　　）。

A. 定位元件及定位装置　　B. 装料装置
C. 卸料装置　　D. 分度装置

14. 在机床夹具中，用来确定工件在夹具中位置的元件是：（　　）。

A. 连接元件　　　　B. 对刀－导向元件

C. 夹紧元件　　　　D. 定位元件

15. 既要完成在其上定位并夹紧，还承担沿自动线输送工件的任务的夹具是：(　　)。

A. 通用夹具　　　　B. 专用可调夹具

C. 随行夹具　　　　D. 组合夹具

三、判断题

1. 机床夹具是在机床上完成工件装夹的重要工艺装置。(　　)

2. 用夹具装夹工件进行加工时，刀具及机床的位置精度不受工人技术水平的影响。(　　)

3. 使用夹具完成工件装夹，可以减少划线、找正、调整等辅助时间。(　　)

4. 夹具可采用机械、液压或气动等自动化的夹紧装置。(　　)

5. 在车床或铣床上使用靠模，可以进行仿形加工。(　　)

6. 定位元件上的定位面直接与工件基准面接触，用来确定工件在机床夹具中的正确位置。(　　)

7. 机床夹具的定位面与工件的基准面是同一个面。(　　)

8. 定位元件通常采用较好的材料制造，保证具有良好的耐磨性和较长的使用寿命。(　　)

9. 通用机床夹具的结构和尺寸已标准化、系列化，在市场上可以直接购买到。(　　)

10. 通用夹具的特点是成本低、适应性强、生产效率高。(　　)

11. 专用夹具的设计和制造周期较长，使用成本一定高。(　　)

12. 专用夹具能够充分发挥其高效、高精度的优势。(　　)

13. 组合夹具灵活多变、通用性强、设计制造周期短、元件可以重复使用。(　　)

14. 夹具只能专门制造，不可以标准化生产。(　　)

15. 机床夹具一般已标准化、系列化，并由专门厂家生产。(　　)

16. 一般情况下，机床夹具具有使工件在夹具中定位和夹紧两大作用。(　　)

17. 一般来说，通用夹具是机床夹具中的主要研究对象。(　　)

18. 提高机械加工生产效率是对机床夹具的最基本要求。(　　)

19. 专用夹具是专门为某一种工件的某道工序的加工而设计制造的夹具。(　　)

20. 随行夹具是用于自动线上的一种夹具。(　　)

四、名词解释

1. 定位

2. 夹紧

3. 定位元件

4. 夹紧装置

5. 对刀装置

五、简答题

1. 机床夹具的功能有哪些？

2. 机床夹具由哪几部分组成？各组成部分的作用是什么？

课题三　工件定位原理及其应用

一、填空题

1. 定位元件与工件的接触定位方式有__________、__________和__________三种形式。

2. 若要使工件在设备坐标系中确定正确的位置，需要合理布置__________，限制工件的__________。

3. 定位时，要求支承点与工件定位基准面__________，这样才能__________，起到__________的作用。

4. 定位是解决工件__________的问题，夹紧是解决工件在__________的问题。

5. 工件定位时，对影响加工精度要求的自由度________；对不影响加工精度要求的自由度____________。

6. 工件的自由度可以被分为两大类：为保证加工要求而必须限制的自由度称为__________；对加工精度要求无关紧要的自由度称为__________。

7. 过定位容易出现__________，产生__________。在通常情况下，应该尽可能__________过定位现象。

二、选择题

1. 六点定位原理指的是：(　　)。
   A. 即可把工件作为统一的整体进行分析，又可针对工件上某一具体表面
   B. 不能把工件作为统一的整体进行分析，也不能针对工件上某一具体表面
   C. 可以把工件作为统一的整体进行分析，但不能针对工件上某一具体表面
   D. 不能把工件作为统一的整体进行分析，可以针对工件上某一具体表面

2. 以下说法中，正确的是：(　　)。
   A. 定位支承点超过 6 个就会出现过定位，不超过 6 个就不会出现过定位
   B. 没有完全定位，就不会出现过定位
   C. 有 6 个定位支承点就是完全定位
   D. 定位支承点不超过 6 个，也会出现过定位

3. 以下对定位的说法中，正确的是：(　　)。
   A. 有些工序中，不要求工件完全定位，但为了安全起见，必须进行完全定位
   B. 不完全定位和过定位均不许存在
   C. 在定位基准精度和定位件精度都很高的情况下，过定位是可以存在的
   D. 过定位一定会引起定位点不稳定，增加同批工件在夹具中的不稳定性

4. 在一平板上铣通槽，除沿槽长方向的一个自由度未被限制外，其余自由度均被限制，此定位方式属于（　　）。
   A. 完全定位　　B. 不完全定位
   C. 欠定位　　D. 过定位

5. 当工件的（　　）个自由度被限制后，该工件的空间位置就被完全确定了。
   A. 3　　B. 5
   C. 6　　D. 4

6. 不完全定位限制自由度的数目为（　　）。
   A. 6 个　　B. 小于 6 个
   C. 大于 6 个　　D. 5 个

7. 消除工件自由度少于 6 个仍可满足加工要求的定位称为（　　）。
   A. 完全定位　　B. 不完全定位
   C. 欠定位　　D. 重复定位

8. 工件在安装定位时，根据加工技术要求实际限制的自由度数少于 6 个，且不能满足加工要求，这种情况称为（　　）。
   A. 欠定位　　B. 不完全定位

C. 完全定位　　　　　　　　　　　D. 过定位

9. 过定位不可能产生（　　）后果。

A. 工件松动，影响正常加工

B. 定位点不稳定，增加了同批工件在夹具位置中的不同一性

C. 增加了工件和夹具的夹紧变形

D. 工件不能顺利与定位件配合

10. 只有在（　　）精度很高时，重复定位才允许被采用，且有利于增加工件的刚度。

A. 设计基准和定位元件　　　　　　B. 定位基准和定位元件

C. 夹紧机构　　　　　　　　　　　D. 工序基准和定位元件

11. 下列方案中，（　　）不是避免过定位的措施。

A. 长心轴与小端面支承凸台组合对轴套零件定位

B. 短心轴与大端面支承凸台组合对轴套零件定位

C. 长心轴与浮动端面组合对轴套零件定位

D. 锥度心轴对轴套零件定位

12. 在车床上加工轴，用三爪卡盘安装工件，相对夹持较长，它的定位是：（　　）。

A. 六点定位　　　　　　　　　　　B. 五点定位

C. 四点定位　　　　　　　　　　　D. 三点定位

13. 零件在加工过程中不允许出现的情况是：（　　）。

A. 完全定位　　　　　　　　　　　B. 欠定位

C. 不完全定位　　　　　　　　　　D. 过定位

14. 在三维空间用合理分布的 6 个支承点消除物体的 6 个自由度，称为（　　）。

A. 夹紧原则　　　　　　　　　　　B. 定位过程

C. 定位原理　　　　　　　　　　　D. 六点定位原理

三、判断题

1. 支承点经过合理布置，限制工件的 6 个自由度一共需要 6 个支承点。（　　）

2. 在实际的夹具中，支承点只是一个抽象的概念，定位元件都可以抽象成若干个支承点。（　　）

3. 1 个定位支承点仅限制 1 个自由度，故所设置的定位支承点数目原则上不应超过 6 个。（　　）

4. 任何条件下对工件的定位，被消除的自由度数不得少于 3 个，否则工件就不会得到稳定的位置。（　　）

5. 通常来说，在夹具定位方案设计中，不完全定位的例子比较少见。（　　）

6. 在某些欠定位情况下进行加工，仍然能保证工序所规定的加工要求。（　　）

7. 分析定位支承点的定位作用时，需要考虑力对定位的影响。（　　）

8. 定位解决工件在夹紧前的位置是否正确的问题。（　　）

9. 夹紧解决工件在加工过程中动不动的问题。（　　）

10. 第一类自由度必须限制，而第二类自由度无关紧要。（　　）

11．工件在夹具中定位，有 6 个定位支承点就消除了 6 个自由度，即为完全定位。（　　）

12．不完全定位在零件的定位方案中是不允许的。（　　）

13．采用不完全定位方式可简化夹具结构。（　　）

14．工件定位时，被消除的自由度数少于 6 个，但完全能满足加工要求的定位称为不完全定位。（　　）

15．根据加工要求，只需部分定位，则不完全定位是允许存在的。（　　）

16．过定位是否允许存在，要视具体情况而定。（　　）

17．工件在空间定位，凡是不到六点定位，就是欠定位。（　　）

四、名词解释

1．完全定位

2．不完全定位

3．欠定位

4．过定位

五、简答题

1．工件在空间中具有哪几个自由度？简述工件的六点定位原理。

2．要消除或减少过定位现象，可采取哪些措施或方法？

课题四　工件定位方式及定位元件

一、填空题

1. 平面定位是夹具中最常见的定位方式，它由__________和__________实现。

2. 支承元件通常有__________、__________和__________三种类型。

3. 固定式支承一般用于已加工平面的定位，有__________和__________两种形式。

4. 支承钉有__________、__________、__________和__________四种形式。

5. 可调式支承均为__________的结构组成，__________调整后，用__________锁紧。

6. 平头式支承适用于__________的毛坯；球头式、可调球头式支承能__________位置变化，但结构复杂；水平式支承适用于__________。

7. 浮动式支承可提高工件装夹的__________，但其作用相当于______个固定支承，只限制了工件的______个自由度，适用于__________或__________的场合。

8. 辅助支承不能起__________作用，只增加__________。

9. 工件以外圆柱面作为定位基面时多采用__________、__________、__________及__________的定位方式，其中以__________应用最广。

10. V 形块有长短之分，长 V 形块限制________个自由度，而短 V 形块限制________个自由度。

11. 工件以圆孔定位的常用定位元件有__________、__________、__________、__________等。

12. 常见的组合定位基准（基面）有__________、__________、一端面一外圆、两阶梯外圆及一端面、一长孔一外圆等。

二、选择题

1. 下列可用于精基准定位的支承钉是：（　　）。

   A. 平头支承钉　　B. 球头支承钉

   C. 锯齿头支承钉　　D. 套筒式支承钉

2. 关于辅助支承，下列说法中正确的是：（　　）。

   A. 辅助支承不起定位作用，即不消除工件的自由度

   B. 辅助支承能提高工件的安装刚度及稳定性，而且能消除工件的自由度

   C. 辅助支承虽能消除工件的自由度，但不能起定位作用

   D. 辅助支承能消除工件的自由度，但数量不定

3. （　　）能限制 4 个自由度。

   A. 支承钉　　B. 支承板

   C. 浮动短 V 形块　　D. 长 V 形块

4. 用两个短 V 形块对轴类零件定位，限制了工件（　　）个自由度。

A. 4　　B. 3

C. 2　　D. 1

5. 当工件以局部外圆柱面参与定位时，(　　) 往往成为首选定位元件。

A. V 形块　　B. 平面

C. 圆柱孔　　D. 轴套

6. 工件采用心轴定位时，定位基准面是：(　　)。

A. 心轴外圆柱面　　B. 工件内圆柱面

C. 心轴中心线　　D. 工件外圆柱面

7. (　　) 常用来对内孔尺寸较大的套筒类、盘盖类工件进行安装。

A. 定位心轴　　B. 定位销

C. 锥销　　D. 各类自动定心结构

8. 定心精度高是 (　　) 的最大特点。

A. 间隙配合心轴　　B. 过盈配合心轴

C. 锥度心轴　　D. 所有心轴

9. 长圆柱工件在长套筒中定位，可消除 (　　) 自由度。

A. 2 个移动　　B. 2 个转动

C. 2 个移动和 2 个转动　　D. 1 个转动和 3 个移动

10. 当工件以加工过的平面与定位平面接触时，可消除工件的 (　　) 个自由度。

A. 2　　B. 3

C. 4　　D. 5

11. 用短圆柱销作为工件上圆柱孔的定位元件时，可消除工件的 (　　) 个自由度。

A. 2　　B. 3

C. 4　　D. 5

12. 圆柱体在短 V 形块上定位时，可消除 (　　) 自由度。

A. 3 个　　B. 1 个

C. 2 个移动　　D. 2 个转动

13. 轴套零件以短圆柱销定位时，可消除 (　　) 自由度。

A. 2 个转动　　B. 2 个移动

C. 1 个转动，1 个移动　　D. 任意 2 个

14. 圆柱体以短圆锥套定位时，可消除 (　　) 自由度。

A. 3 个移动　　B. 3 个转动

C. 1 个移动，2 个转动　　D. 1 个转动，2 个移动

15. 布置在同一平面上的两个支承板相当于 (　　) 个支承点数。

A. 2　　B. 3

C. 4　　D. 无数

16. 利用工件已精加工且面积较大的平面定位时，应选用的基本支承是：(　　)。

A. 支承钉　　B. 支承板

C. 浮动定位支承　　D. 可调支承

17. 加工套类零件时的定位基准是：(　　)。

A. 端面　　B. 外圆

C. 内孔　　D. 外圆或内孔

18. 箱体类工件常以一面两孔定位，相应的定位元件应为（　　）。

A. 一个平面、两个短圆柱销

B. 一个平面、一个短圆柱销、一个短削边销

C. 一个平面、两个长圆柱销

D. 一个平面、一个长圆柱销、一个短圆柱销

19. 定位元件的材料一般选用（　　）。

A. 20 钢渗碳淬火　　B. 铸铁

C. 中碳钢淬火　　D. 硬质合金

三、判断题

1. 工件定位的实质是确定工件上定位基准的位置。（　　）

2. 在定位过程中，支承钉一般只限制工件的 1 个自由度，而支承板相当于 3 个支承钉。（　　）

3. 平头支承钉用于精基准，并要求在安装后磨削一次支承钉的顶部，其精度较高。（　　）

4. 当同时使用两个以上支承钉或支承板时，为了保证其工作面保持在同一个平面上，装配后应对其顶面增加一次平面磨削。（　　）

5. 支承钉与支承板的结构、尺寸均已标准化。（　　）

6. 一般每加工一批毛坯需要调整可调式支承一次。（　　）

7. 浮动式支承能自动适应工件定位基准面位置的变化。（　　）

8. 浮动式支承可以起到两到三个定位支承点的作用。（　　）

9. 浮动式支承与工件多点接触，限制工件多个自由度。（　　）

10. 具有独立定位作用、能消除工件自由度的支承，称为辅助支承。（　　）

11. 辅助支承与定位支承同时参与对工件的支承。（　　）

12. 可调支承一般每件都要调整一次，而辅助支承可每批只调整一次。（　　）

13. 辅助支承在每次卸下工件后必须松开，装上工件后再对其进行调整和锁紧。（　　）

14. 在以外圆柱面定位时，V 形块是应用最广的定位元件。（　　）

15. 定位装置一般由各种标准或非标准定位元件组成，它是夹具工作的核心部分。（　　）

16. 削边销的削边结构是为解决销的重复定位及干涉而设计的。（　　）

17. 在加工轴类工件时，常以工件外圆柱面作为定位基准面。（　　）

18. 作为一种标准心轴，锥度心轴在高精度定位中被广泛采用。（　　）

19. 提高工件的定位基准和夹具定位元件的制造精度可提高定位精度。（　　）

四、名词解释

1. 可调式支承

2. 浮动式支承

3. 组合表面定位

4. 一面两销定位

五、简答题

1. 夹具定位元件需要满足哪些要求？

2. 工件以平面定位时，常用哪些定位类型？各有哪些形式？

3. 简述外圆柱面定位中的定位方式。

4．简述圆孔定位的常用定位元件。

课题五　工件的夹紧装置

一、填空题

1．夹紧装置一般由________、________和________组成。

2．传力机构位于力源和夹紧元件之间，可以改变________。为了提高夹紧的安全性，传力机构通常具有________。

3．夹紧装置是夹具的重要组成部分。合理设计夹紧装置将有利于________、________和________。

4．夹紧力三要素是指夹紧力的________、________和________。

5．典型的夹紧机构有________、________、________、铰链夹紧机构、________和联动夹紧机构等。

二、选择题

1．以下（　　）不是气压驱动力源装置的优点。

A．不存在漏油　　B．环境清洁

C．机构简单　　D．夹紧力较小

2．一般夹具都需要设置（　　），但少数情况下也允许不予夹紧而进行加工。

A．夹紧装置　　B．定位装置

C．分度装置　　D．引导元件

3．下列说法中，（　　）不属于对夹紧装置的基本要求。

A．在夹紧过程中，应不破坏工件定位所获得的确定位置

B．夹紧力应保证工件在加工过程中的位置稳定不变，不产生振动或移动，夹紧变形小，不损伤工件表面

C．夹紧装置应结构简单、制造容易，其复杂程度和自动化程度应与工件的生产纲领相适应

D．尽量采用螺旋夹紧结构

4．在夹具中，直接使用（　　）夹紧工件的情况比较少见，这是因为它产生的夹紧力有限，且夹紧费时。

A．螺旋机构　　B．斜楔

C. 偏心机构　　D. 薄壁弹性件

5. 夹具中的偏心夹紧机构仅适用于加工时振动不大的场合，其原因是其（　　）。

A. 自锁性较差　　B. 夹紧力较大

C. 刚度较差　　D. 刚度较好

6. 采用偏心夹紧机构夹紧工件与采用螺旋夹紧机构夹紧工件相比，主要优点是：（　　）。

A. 夹紧力大　　B. 夹紧可靠

C. 动作迅速　　D. 不易损坏工件

7. 在简单夹紧机构中，（　　）夹紧机构一般不考虑自锁。

A. 斜楔　　B. 螺旋

C. 铰链　　D. 偏心

8. 夹紧装置不必满足（　　）的要求。

A. 良好的自锁性能　　B. 不破坏工件的定位

C. 尽量结构简单　　D. 尽量使用新技术

9. 下列关于夹紧机构的说法中正确的是：（　　）。

A. 在实际生产中，一般多采用动斜楔夹紧机构

B. 常用的偏心夹紧机构是曲线偏心夹紧机构

C. 螺旋夹紧机构运用非常广泛

D. 偏心夹紧机构可用于尺寸公差过大的场合

10. 为了保证工件在夹具中加工时不易引起振动，夹紧力的作用点应（　　）。

A. 远离工件加工表面　　B. 靠近工件加工表面

C. 在工件已加工表面上　　D. 在刚度较差处

11. 在一般生产条件下，（　　）可以很快地确定夹紧方案，而不需要进行复杂的计算，所以在生产中经常被采用。

A. 估算法　　B. 精确计算法

C. 类比法　　D. 分析法

12. 夹紧力作用方向的确定原则是：（　　）。

A. 应垂直向下　　B. 应垂直于主要定位基准面

C. 使所需夹紧力最大　　D. 使工件变形尽可能大

13. 夹紧力的方向应与切削力方向（　　），夹紧力的作用点应该（　　）工件加工表面。

A. 相同　靠近　　B. 相反　远离

C. 相反　靠近　　D. 相同　远离

14. 一般来说，夹具上夹紧机构的作用是：（　　）。

A. 将工件压紧、夹牢在定位元件上　　B. 起定位作用

C. 使工件在外力作用下发生位移　　D. 将夹具紧固在机床上

15. 夹紧机构直接影响到（　　）。

A. 加工质量　　B. 加工效率

C. 工人劳动强度　　D. 操作安全

16. 下列说法中，不符合夹紧力作用点选择原则的是：（　　）。

A. 尽量作用在非加工表面上　　B. 尽量靠近加工表面

C. 尽量靠近支承面的几何中心　　D. 尽量作用在工件刚度较好处

17. 偏心夹紧机构的特点是：(　　)。

A. 结构简单　　B. 夹紧力大

C. 自锁性好　　D. 夹紧行程大

18. 螺旋夹紧机构的优点是：(　　)。

A. 增力大　　D. 夹紧时间长

C. 结构复杂　　D. 夹紧行程受限制

19. 在常用的典型夹紧机构中，扩力比最大的是：(　　)。

A. 斜楔夹紧机构　　B. 螺旋夹紧机构

C. 偏心夹紧机构　　D. 弹簧夹头

三、判断题

1. 液压驱动力源装置的优点是环境清洁、机构简单、应用较广泛，且其夹紧力较大。(　　)
2. 传力机构通常具有自锁性能，可提高夹紧的安全性。(　　)
3. 夹紧力方向应与工件刚度最好的方向一致，以减小工件的夹紧变形。(　　)
4. 夹紧力要大，工件才能被夹紧，加工时定位才不易被破坏。(　　)
5. 工件被夹紧而不动了，说明工件已定位。(　　)
6. 为保证斜楔夹紧机构可靠工作，斜楔夹紧工件后应能自锁。(　　)
7. 斜楔夹紧机构的自锁能力只取决于斜角，而与长度无关。(　　)
8. 斜楔是使用比较方便的一种夹具，因此常被直接用于夹紧工件。(　　)
9. 螺旋或偏心轮夹紧机构实际上是斜楔夹紧机构的变形。(　　)
10. 偏心圆夹紧机构结构简单、夹紧迅速，且自锁性能好。(　　)
11. 定心夹紧机构能够在实现定心的同时，起到夹紧工件的作用。(　　)
12. 所有机床夹具都必须设置夹紧装置。(　　)
13. 自动、高效夹具可以降低对操作工人的装夹技术要求。(　　)
14. 在定心夹紧机构中，与工件定位基准面相接触的元件既是定位元件，又是夹紧元件。(　　)
15. 夹紧力作用点必须落在工件刚度最好的部位。(　　)
16. 夹紧力的作用点应远离加工部位，以防止夹紧变形。(　　)

四、简答题

1. 常用的力源装置有哪些？各有什么特点？

2．对夹紧装置有哪些基本要求？

3．选择夹紧力的方向和作用点时，应分别注意哪些原则？

4．常用典型夹紧机构有哪些类型？各有哪些应用特点？

课题六　典型机床夹具

一、填空题

1. 机床夹具按夹具的通用特性可分为__________和__________；按夹具夹紧动力来源可分为__________和__________。

2. 专用机床夹具包括__________、__________、__________、可调整夹具和自动线夹具等。

3. 专用车床夹具按工件定位方式不同可分为__________、__________和__________等。

4. 铣床夹具一般由__________、__________、__________、__________和夹具体等组成。

5. 对刀装置由________和________组成，用来确定________。

6. 钻床夹具是在钻床上用于________、________、________及________的机床夹具。

7. 钻床夹具主要由__________、__________、__________、夹具体等组成。

8. 钻模的结构形式可分为________、________、________、________和滑柱式等。

9. 钻套是用来引导钻头、铰刀等孔加工刀具用的__________，确定________相对于__________和__________，提高________，防止在加工中发生偏移。

10. 标准钻套可分为_______钻套、_______钻套和_______钻套。

二、选择题

1. 安装在机床主轴上，能带动工件一起旋转的夹具是：（　　）。
   A. 钻床夹具　　B. 车床夹具
   C. 铣床夹具　　D. 刨床夹具

2. 适合于小批生产时用钻头钻孔的钻套是：（　　）。
   A. 固定钻套　　B. 可换钻套
   C. 快换钻套　　D. 专用钻套

3. 在钻模上加工孔时，孔的尺寸精度主要取决于（　　）。
   A. 安装精度　　B. 钻套在钻模板上的位置精度
   C. 钻套精度　　D. 夹紧机构的精度

4. 加工孔时可以获得较高位置精度的钻模板形式是：（　　）。
   A. 固定式　　B. 分度式
   C. 盖板式　　D. 滑柱式

三、判断题

1. 在车床夹具上，工件常以孔或外圆定位，夹具则采用定心夹紧机构。（　　）

2. 用花盘可加工形状复杂工件的外圆和内孔，但需要注意平衡。（　　）

3. 在车床夹具中，花盘通常作为定位元件。（　　）

4. 夹具在机床回转主轴上的连接方式取决于主轴端部的结构形式。（　　）

5. 铣削加工的切削用量及切削力较大，且为多刃连续切削，所以加工时很平稳。（　　）

6. 铣床夹具夹紧力要足够大且能自锁。（　　）

7. 安装有回转工作台的铣床可以在不停车的情况下装卸工件，使加工效率高，适用于大批生产。（　　）

8. 对刀时，应在刀具与对刀块之间加一塞尺，避免刀具与对刀块直接接触而损坏刀刃或造成对刀块过早磨损。（　　）

9. 钻模一般都设有安装钻套的钻模板，以确定刀具位置并引导刀具进行切削。（　　）

10. 在箱体等大型工件上加工小孔时，可以不设夹紧装置。（　　）

四、简答题

1. 简述典型车床夹具的结构类型与技术要点。

2. 简述典型铣床夹具的结构类型与技术要点。

3. 简述典型钻床夹具的结构类型与技术要点。

模块三　汽车零件制造工艺基础

课题一　汽车零件毛坯成形工艺

一、填空题

1. 汽车用铸铁有________铸铁、________铸铁、蠕墨铸铁、________铸铁及________铸铁等。

2. 铸造工艺按工艺条件不同可分为____________铸造和____________铸造。

3. 为了防止铸件在铸件壁的连接和拐角处产生__________和__________，防止发生铸件____________和____________，在设计时铸件壁的连接和拐角处应设计出__________。

4. 铸件结构设计是否合理，对____________、____________和____________有很大的影响。

5. 铸件中心部位____________、____________，容易产生____________、____________等缺陷，所以铸件壁不宜选择过厚。

6. 常用的特种铸造方法有__________铸造、____________铸造、____________铸造、____________铸造和____________铸造等。

7. 锻造按所用工具与模具安置情况的不同分为________________、________________、________________等类型。

8. 模锻按成形温度可分为____________、____________、____________、____________等类型。

9. 冲压工序按加工性质的不同，可以分为两大类型：__________和__________。

10. 焊接方法按其焊接过程不同，分为________、________和________三大类。

11. 常见的熔焊方法有____________、____________、电渣焊、____________、电子束焊、____________等。

12. 电阻焊可分为____________、____________和____________。

13. 气体保护焊常用的保护气体是____________和______________，相应的焊接方法称为____________和____________。

14. 氩弧焊按所用的电极不同可分为________________和________________两种。

15. 激光焊接用于汽车制造可以降低________________，提高________________，增加________________，降低车身制造过程中的________________，减少________________，同时将其整体化。

16. 焊件结构工艺性应考虑________________、________________、________________、____________等因素。

17. 低碳钢和普通低合金钢的__________、__________、__________、易于保证焊接质量，应优先选用。

18. 焊接结构的开敞性与__________、__________、__________和__________有关。

19. 车身上的点焊接头形式有两种，即__________接头和__________接头。

二、选择题

1. 合理选择毛坯种类及制造方法时，主要应使（　　）。

A. 毛坯的形状尺寸与零件尽可能接近

B. 毛坯方便制造，成本降低

C. 加工后的性能最好

D. 零件成本低且性能好

2. 形状复杂和大型零件的毛坯多采用（　　）。

A. 铸件　　B. 锻件

C. 型材　　D. 焊件

3.（　　）不属于特种铸造。

A. 压力铸造　　B. 金属型制造

C. 砂型铸造　　D. 熔模制造

4. 关于铸造，下列说法中错误的是：（　　）。

A. 铸造可以生产出形状复杂特别是具有复杂外腔的工件毛坯

B. 产品的适应性广，工艺灵活性大，工业上常用的金属材料均可用来进行铸造，铸件的质量可由几克到几百吨

C. 原材料大都来源广泛，价格低廉，并可以直接利用废弃机件，故铸造成本较低

D. 铸造组织疏松，晶粒粗大，内部易产生缩孔、缩松、气孔等缺陷

5.（　　）是指利用易熔材料制成模样，然后在模样上涂覆若干层耐火涂料制成型壳，经硬化后再将模样熔化，排出型外，从而获得无分型面的铸型。

A. 金属型铸造　　B. 压力铸造

C. 熔模铸造　　D. 离心铸造

6. 将液体金属浇入金属铸型，在重力作用下充填铸型，以获得铸件的铸造方法称为（　　）。

A. 金属型铸造　　B. 压力铸造

C. 熔模铸造　　D. 离心铸造

7. 下列选项中不属于熔模铸造特点的是：（　　）。

A. 熔模铸造铸件精度高，表面质量好

B. 可铸造形状较为复杂的铸件和高熔点合金铸件

C. 适用于单件、小批生产

D. 生产工艺复杂、生产周期长、成本高

8. 压力铸造的主要特点有（　　）。

A. 可铸造形状复杂的薄壁铸件　　B. 可铸造重型铸件

C. 适用于单件、小批生产　　　　　　　　D. 铸件尺寸精度低、几何误差大

9. 常用的板材为低碳钢，不锈钢，铝、铜及其合金等，它们的塑性好，变形抗力小，适用于（　　）加工。

A. 自由锻　　　　　　　　　　　　　　B. 模锻

C. 冲压　　　　　　　　　　　　　　　D. 以上都对

10. 将对称形状的半成品沿着对称面切成两个或几个工件称为（　　）。

A. 剖切　　　　　　　　　　　　　　　B. 冲孔

C. 落料　　　　　　　　　　　　　　　D. 切口

11. 利用冲压设备使板料经分离或成形而得到制件的工艺统称为（　　）。

A. 锻造　　　　　　　　　　　　　　　B. 冲压

C. 冲孔　　　　　　　　　　　　　　　D. 剖切

12. 冲压可进行（　　）生产。

A. 单件　　　　　　　　　　　　　　　B. 小批

C. 大批　　　　　　　　　　　　　　　D. 以上都对

13. 焊接陶瓷、玻璃等非金属时应采用（　　）。

A. 熔焊　　　　　　　　　　　　　　　B. 压焊

C. 钎焊　　　　　　　　　　　　　　　D. 电弧焊

三、判断题

1. 铸件内部易产生缩孔、缩松、气孔等缺陷，会导致铸件的力学性能特别是冲击韧性低，铸件质量不够稳定。（　　）

2. 由于铸造易产生缺陷，性能不高，因此多用于制造承受应力不大的工件。（　　）

3. 砂型铸造具有操作灵活、设备简单、生产准备时间短等优点，适用于各种批量的生产。（　　）

4. 在生产中，常选用铸铁、碳素钢或低合金钢作为铸型材料。（　　）

5. 压力铸造的铸型可以用金属型，也可以用砂型。（　　）

6. 金属型铸造与砂型铸造相比，铸件精度高、力学性能好、生产效率高、无粉尘，但设备费用较高。（　　）

7. 熔模铸造用于以碳钢、合金钢为主的合金和耐热合金的复杂、精密铸件（铸件质量不大于10 kg）的成批生产。（　　）

8. 离心铸造铸件组织细密、设备简单、成本低，但生产效率低、内表层余量大、机械加工量大。（　　）

9. 锻造必须对坯料施加压力，通过材料的塑性改变形状及尺寸，从而获得毛坯或零件。（　　）

10. 锻造能获得形状复杂的制件。（　　）

11. 所有金属材料都可以进行锻造加工。（　　）

12. 锻造可进行单件生产。（　　）

13. 所有金属锻造前都需要加热。（　　）

14. 胎模锻时，通常先用自由锻制坯，然后再在胎模中终锻成形。（　　）

15. 冲压是利用冲模使板料产生分离或变形的加工方法。 (　　)

16. 落料和冲孔是使坯料分离的工序，它们的过程一样，只是用途不同。 (　　)

17. 板料冲压生产效率高、成本低，适用于大批生产。 (　　)

18. 板料冲压中，冲孔和落料都是用冲模使材料分离的过程，如果冲下的部分是有用的，则该工序称为冲孔。 (　　)

19. 冲压加工只能用于加工金属板材。 (　　)

20. 冲压产品的尺度精度主要由模具保证。 (　　)

21. 汽车覆盖件与一般冲压件相比，其材料都比较厚。 (　　)

22. 压焊是指焊接过程中必须对焊件施加压力和加热的焊接方法。 (　　)

23. 钎焊时，母材不融化，只有焊条融化。 (　　)

24. 钎焊时的加热温度应高于钎料熔点，低于焊件母材的熔点。 (　　)

25. 低碳钢和低合金钢的可焊性好，常用于焊接结构材料。 (　　)

26. 二氧化碳气体保护焊由于有 CO_2的作用，故适合焊接有色金属和高合金钢。 (　　)

27. 非金属材料不可以进行焊接。 (　　)

四、名词解释

1. 砂型铸造

2. 起模斜度

3. 压力铸造

4. 模型锻造

5. 熔焊

6. 钎焊

五、简答题

1. 汽车用铸件的特点是什么？

2. 简述砂型铸造的工艺过程。

3. 简述铸件工艺对铸件结构的要求。

4. 锻造工艺的特点有哪些？

5. 模锻工艺的优点和缺点分别是什么？

6. 冲压工艺的优点和缺点分别是什么？

7. 焊接工艺的优点和缺点分别是什么？

课题二　汽车零件机械加工工艺

一、填空题

1. 车床按精度可分为＿＿＿＿＿＿车床、＿＿＿＿＿车床和＿＿＿＿＿车床。

2. 数控车床除能够完成普通车床所有的切削加工任务外，还具有＿＿＿＿＿＿＿、＿＿＿＿＿＿＿、＿＿＿＿＿＿＿、能做直线和圆弧插补及在加工过程中能自动变速等特点。

3. 在车铣加工中心上可以完成＿＿＿＿＿＿＿加工工艺，还可以完成＿＿＿＿＿＿、＿＿＿＿＿＿、＿＿＿＿＿＿、＿＿＿＿＿＿等加工工艺，特别是可以利用铣刀和工件旋转的合成运动，完成＿＿＿＿＿＿＿＿＿加工。

4. 车刀按用途不同可分为＿＿＿＿＿＿、＿＿＿＿＿＿、＿＿＿＿＿＿及＿＿＿＿＿＿等。

5. 车刀按结构不同大致可分为＿＿＿＿＿＿＿＿＿＿车刀、＿＿＿＿＿＿＿＿＿车刀、＿＿＿＿＿＿＿＿车刀和＿＿＿＿＿＿＿＿车刀。

6. 车削加工按照加工精度和表面粗糙度一般分为＿＿＿＿＿加工、＿＿＿＿＿加工、＿＿＿＿＿和＿＿＿＿＿＿加工四个阶段。

7. 铣床的类型主要有＿＿＿＿＿＿铣床、＿＿＿＿＿＿铣床、＿＿＿＿＿＿铣床、＿＿＿＿＿＿铣床、各种专门化铣床及数控铣床等。

8. 数控铣床与普通铣床相比，具有＿＿＿＿＿＿＿、＿＿＿＿＿＿＿＿＿＿＿＿、＿＿＿＿＿＿等特点。

9. 铣刀按其用途可分为＿＿＿＿＿＿用铣刀、＿＿＿＿＿＿用铣刀和＿＿＿＿＿＿用铣刀三大类。

10. 铣削用量是指铣削过程中选用的＿＿＿＿＿＿＿、＿＿＿＿＿＿＿、＿＿＿＿＿＿＿和＿＿＿＿＿＿＿＿。

11. 铣削用量的选择对提高铣削的＿＿＿＿＿＿＿＿＿、改善＿＿＿＿＿＿＿＿和提高＿＿＿＿＿＿有着密切的关系。

12. 钻床主要用于钻＿＿＿孔、＿＿＿孔、＿＿＿＿孔、＿＿＿＿孔、锪孔和攻螺纹等加工。

13. 普通钻床根据用途和结构可分为＿＿＿＿＿钻床、＿＿＿＿＿钻床、＿＿＿＿＿＿钻床、＿＿＿＿＿＿钻床等。

14. 麻花钻由＿＿＿＿＿＿、＿＿＿＿＿＿和＿＿＿＿＿＿三部分组成。

15. 磨削可加工＿＿＿＿＿、＿＿＿＿＿＿、＿＿＿＿＿、＿＿＿＿＿＿、＿＿＿＿＿＿、花键、导轨和成形面等各种表面。

16. 磨床根据用途和结构可以分为＿＿＿＿＿磨床、＿＿＿＿＿磨床、＿＿＿＿＿磨床、＿＿＿＿＿磨床、＿＿＿＿＿磨床、工刃具磨床、导轨磨床、螺纹磨床、专用磨床等。

17. 普通外圆磨床的外圆磨削方法有＿＿＿＿＿＿法和＿＿＿＿＿＿法。

18. 平面磨削根据砂轮工作面的不同分为________磨削法和________磨削法。

二、选择题

1. 应用最广泛的车床是：(　　)。

A. 仪表车床　　B. 卧式车床

C. 立式车床　　D. 数控车床

2. 以工件旋转作为主运动的机床是：(　　)。

A. 车床　　B. 铣床

C. 钻床　　D. 磨床

3. (　　) 是最基本和应用最广泛的切削方法。

A. 车削　　B. 铣削

C. 钻削　　D. 磨削

4. 车削的主运动由 (　　) 来完成。

A. 工件　　B. 刀具

C. 工件和刀具　　D. 以上选项都对

5. 卧式车床主要加工轴类和直径不太大的盘套类零件，故采用 (　　) 布局。主轴水平安装，刀具在水平面内做纵、横向进给运动。

A. 立式　　B. 倾斜式

C. 卧式　　D. 倒立式

6. (　　) 用于加工径向尺寸大而轴向尺寸相对较小的大型和重型工件。

A. 自动车床　　B. 数控车床

C. 立式车床　　D. 卧式车床

7. 下列装夹方式中能自动定心的是：(　　)。

A. 花盘　　B. 四爪卡盘

C. 三爪卡盘　　D. 顶尖

8. (　　) 用来将铣刀安装在铣床主轴上。

A. 刀杆与刀柄　　B. 万能立铣头

B. 万能分度头　　D. 平口钳

9. (　　) 是卧式万能升降台铣床特有的附件。

A. 回转工作台　　B. 万能立铣头

C. 万能分度头　　D. 平口钳

10. 铣削平面用铣刀主要有 (　　) 铣刀。

A. 圆柱形　　B. 三面刃

C. 立　　D. 键槽

11. 铣削键槽一般采用 (　　) 铣刀。

A. 三面键槽　　B. 立

C. 键槽　　D. 槽

12. 在铣床上加工效率较高的是：(　　)。

A. 齿轮　　B. 花键

C. 凸轮　　D. 平面

13. 大型箱体零件应选用（　　）铣削加工。
A. 立式铣床　　B. 仿形铣床
C. 龙门铣床　　D. 万能卧式铣床

14. 键槽一般在（　　）上铣削加工。
A. 龙门铣床　　B. 卧式铣床
C. 平面仿形铣床　　D. 立式铣床

15. 卧式铣床的主要特征是主轴与工作台面（　　）。
A. 平行　　B. 垂直
C. 沿横向倾斜　　D. 沿纵向倾斜

16. 龙门铣床的特征之一是工作台只能作（　　）进给运动。
A. 横向　　B. 纵向
C. 垂向　　D. 圆周

17. 三爪自定心卡盘是铣床上常用的（　　）。
A. 定位装置　　B. 夹紧装置
C. 夹具　　D. 对刀装置

18. 分度头的主要功能是：（　　）。
A. 分度　　B. 装夹轴类零件
C. 装夹套类零件　　D. 装夹矩形工件

19. 龙门铣床的工件运动由（　　）移动完成。
A. 龙门架　　B. 工作台
C. 滑轨　　D. 刀架

20. 台式钻床不可以进行的操作是：（　　）。
A. 钻孔　　B. 铰孔
C. 锪孔　　D. 锪平面

21. 在立式钻床上钻孔，其主运动和进给运动（　　）。
A. 均由工件来完成　　B. 均由刀具来完成
C. 分别由工件和刀具来完成　　D. 分别由刀具和工件来完成

22. （　　）有横切削刃。
A. 铰刀　　B. 扩孔钻
C. 钻头　　D. 拉刀

23. 铰孔加工余量（　　）。
A. 比扩孔余量大　　B. 比钻孔余量大
C. 比钻、扩孔余量均小　　D. 与扩孔余量相同

24. 孔的精加工方法是：（　　）。
A. 钻孔　　B. 镗孔
C. 铰孔　　D. 扩孔

25. 在钻床上不能完成（　　）加工任务。
A. 钻孔　　B. 扩孔

C. 铰孔　　D. 镗孔

26. 钻床的主要参数是：(　　)。

A. 工件的直径　　B. 最大棒料直径

C. 钻头的最大回转直径　　D. 最大钻孔直径

27. 钻孔加工经济精度等级为（　　）。

A. IT13 ~ IT15　　B. IT12 ~ IT14

C. IT11 ~ IT13　　D. IT10 ~ IT12

28. 在外圆磨床上磨削工件外圆表面，其主运动是：(　　)。

A. 砂轮的回转运动　　B. 工件的回转运动

C. 砂轮的直线运动　　D. 工件的直线运动

29. 应用最广泛的平面磨床是：(　　)。

A. 卧轴矩台平面磨床　　B. 立轴矩台平面磨床

C. 卧轴圆台平面磨床　　D. 立轴圆台平面磨床

30. 磨削时，砂轮高速回转，具有很高的（　　）速度。

A. 进给　　B. 切削

C. 圆周　　D. 回转

31. 切断和开槽应选用（　　）砂轮。

A. 外圆　　B. 内圆

C. 碗形　　D. 锯片

32. 磨削可获得很高的加工精度，其经济加工精度为（　　）。

A. IT9 ~ IT10　　B. IT8 ~ IT9

C. IT6 ~ IT7　　D. IT5 ~ IT6

三、判断题

1. 盘状零件（回转件）的端面一般采用车削加工。（　　）
2. 提高切削速度能明显提高金属切除率，粗加工时应尽量选择高的切削速度。（　　）
3. 车削时为获得高的表面质量应采用中速切削。（　　）
4. 镗削适合加工复杂和大型工件上的孔，尤其是直径较大的孔及内成形表面或孔内回环槽。（　　）
5. 万能升降台铣床属于专门化机床。（　　）
6. 镗孔时，镗杆的径向跳动仍然能镗出工件的圆孔。（　　）
7. 钻床的主运动是钻头的旋转运动，进给运动是钻头的轴向移动。（　　）
8. 在立式钻床上钻孔，其主运动和进给运动均由刀具来完成。（　　）
9. 铰孔不但能保证尺寸、形状精度和减小孔的表面粗糙度，还能纠正位置精度。（　　）
10. 拉孔前工件须先制出预制孔。（　　）
11. 在切削加工中，进给运动只能有一个。（　　）
12. 平面磨削的加工质量比铣削高，还可以加工淬硬零件。（　　）
13. 磨削内孔时，在工件孔径允许的条件下，应尽量选用大直径的砂轮。（　　）
14. 磨齿是齿形精加工的主要方法，它既可以加工未经淬硬的轮齿，又可以加工淬

硬的轮齿。　　　　　　　　　　　　　　　　　　　　　　　　　（　）

四、名词解释

1．车削

2．铣削

3．钻削

4．磨削

五、简答题

1．简述车削的主要加工对象。

2．简述车削的工艺特点。

3．简述铣削的主要加工对象。

4. 铣床是如何分类的？铣刀有哪些种类？

5. 简述铣削的工艺特点。

6. 简述麻花钻的结构组成和各部分的作用。

7. 简述钻削的工艺特点。

8. 简述磨床的种类。

9. 简述磨削的工艺特点。

课题三　汽车零件热处理工艺

一、填空题

1. 金属热处理是对________采用适当方式________、________和________，以获得所需的________和________的加工方法。

2. 金属热处理工艺大体可分为________、________和________三大类。

3. 钢铁整体热处理一般包括________、________、________和________四种基本工艺。

4. 时效处理主要用于________和________中产生的内应力。

5. 表面热处理的主要方法有________和________热处理。

6. 化学热处理的主要方法有________、________和________。

7. 渗氮处理可以提高零件表面的________、________和________和________。

8. 热处理可以保证和提高工件的各种性能，如________、________等，还可以改善________和________，以利于进行各种冷、热加工。

二、选择题

1. 下列不是金属力学性能的是：(　　)。

A. 强度　　B. 硬度

C. 韧性　　D. 压力加工性能

2. 为了消除各种加工过程中所引起的内应力，最好选用（　　）。

A. 完全退火　　B. 球化退火

C. 再结晶退火　　D. 去应力退火

3. 退火是一种热处理工艺，其目的是：(　　)。

A. 降低硬度，以利于切削加工　　B. 提高材料的整体硬度

C. 提高表面硬度，以利于耐磨　　D. 以上都不是

4. 提高低碳钢的硬度，改善其切削加工性，常采用（　　）。

A. 退火　　B. 正火

C. 回火　　D. 淬火

5. 正火是将工件加热保温后冷却，其冷却是在（　　）中进行。

A. 油液　　B. 盐水

C. 空气　　D. 水

6. 一般钢经淬火后要及时（　　）。

A. 正火　　B. 退火

C. 回火　　D. 空冷

7. 如果需要提高零件的综合机械性能，一般应进行（　　）热处理工艺。

A. 正火　　B. 退火

C. 淬火　　D. 调质

8. 调质处理是指淬火加（　　）的热处理方式。

A. 低温回火　　B. 中温回火

C. 高温回火　　D. 正火

9. 下列属于表面热处理的是：(　　)。

A. 淬火　　B. 表面淬火

C. 渗碳　　D. 渗氮

10. 下列属于整体热处理的是：(　　)。

A. 正火　　B. 表面淬火

C. 渗氮　　D. 碳氮共渗

11. 金属材料的组织不同，其性能（　　）。

A. 相同　　B. 不同

C. 难以确定　　D. 与组织无关系

12. 经渗碳处理后，工件表面（　　）。

A. 抗氧化性提高　　B. 耐磨性提高

C. 塑性提高　　D. 韧性提高

三、判断题

1. 金属的性能包括使用性能和工艺性能。 ( )
2. 热处理与铸造没有关系。 ( )
3. 热处理的基本过程是加热、保温和冷却。 ( )
4. 正火和退火是一回事，可以互相替代。 ( )
5. 低碳钢可以通过正火调整其硬度，以便于切削。 ( )
6. 合金钢只有经过热处理，才能显著提高其力学性能。 ( )
7. 空气不能当作淬火介质用。 ( )
8. 合金渗碳钢的热处理一般是渗碳后淬火及低温回火。 ( )

四、名词解释

1. 金属热处理

2. 整体热处理

3. 退火

4. 淬火

5. 回火

6. 表面热处理

7. 化学热处理

五、简答题

1. 简述金属热处理的作用。

2. 简述渗碳淬火的工艺过程。

模块四　尺寸链的分析与计算

课题一　尺寸链的基本概念

一、填空题

1. 尺寸链中的各尺寸必须构成__________，并且按照一定顺序__________。

2. 尺寸链中的其他组成环的误差必然累积在__________上，封闭环的误差是__________的综合。

3. 在尺寸链中，按组成环变化对__________的影响，组成环可分为__________和__________。

4. 尺寸链按各环所处空间位置的不同可将其分为__________尺寸链、__________尺寸链、__________尺寸链和__________尺寸链四种。

5. 尺寸链按应用范围的不同可分为__________尺寸链、__________尺寸链、__________尺寸链和__________尺寸链四种。

二、选择题

1. 一个尺寸链至少由（　　）个尺寸组成，有（　　）个封闭环。
   A. 4　1　　　B. 3　2
   C. 3　1　　　D. 4　2

2. 零件在加工过程中间接获得的尺寸称为（　　）。
   A. 增环　　　B. 减环
   C. 封闭环　　　D. 组成环

3. 封闭环的精度由尺寸链中（　　）的精度确定。
   A. 所有增环　　　B. 所有减环
   C. 其他各环　　　D. 以上都不对

4. 在零件尺寸链中，应选择（　　）尺寸作为封闭环。
   A. 最不重要的　　　B. 最重要的
   C. 不太重要的　　　D. 任意一个

5. 对于尺寸链封闭环的确定，下列说法中正确的是：（　　）。
   A. 图样中未注尺寸的那一环　　　B. 在加工过程中最后自然形成的一环
   C. 在零件加工过程中形成的一环　　　D. 尺寸链中需要求解的那一环

6. 图 4 – 1 所示尺寸链中，都属于增环的有（　　）。
   A. A_1 、A_2　　　B. A_2 、A_4

C. A_1、A_3　　D. A_3、A_4

7. 图4－2所示尺寸链中，都属于减环的有（　　）。

A. A_1、A_2　　B. A_1、A_3

C. A_2、A_4　　D. A_3、A_4

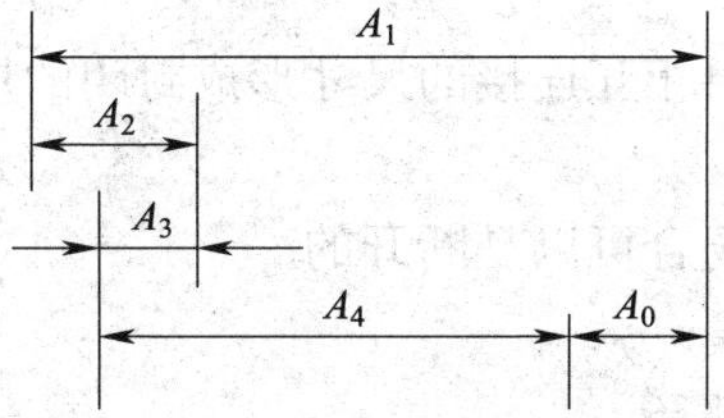

图4－1

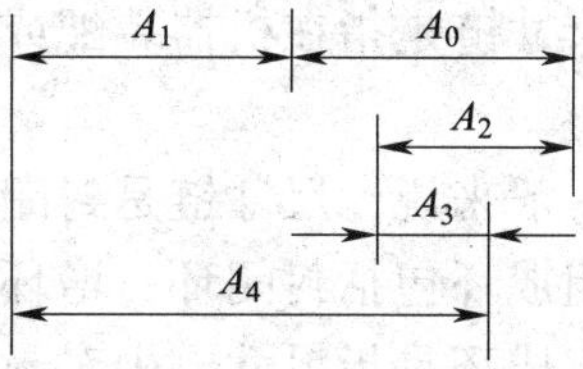

图4－2

8. 在尺寸链中，若某一减环增大，其他组成环不变，则封闭环（　　）。

A. 增大　　B. 减小

C. 保持不变　　D. 可大可小

9. 对封闭环有直接影响的是：（　　）。

A. 所有增环　　B. 所有减环

C. 全部组成环　　D. 部分组成环

10. 下列关于尺寸链的特征的说法中，不正确的是：（　　）。

A. 尺寸链中的尺寸是按一定顺序排列的

B. 尺寸链中的尺寸的大小是相互影响的

C. 尺寸链中的尺寸不得少于三个

D. 在尺寸链图中，各个尺寸是严格按比例绘制的

11. 下列关于尺寸链的形式的说法中，不正确的是：（　　）。

A. 直线尺寸链须位于同一平面上，且互相平行

B. 角度尺寸链是全部由角度尺寸组成的

C. 平面尺寸链可以转化为直线尺寸链

D. 空间尺寸链不可以转化为直线尺寸链

12. 尺寸链中各环不在同一平面内的尺寸链称为（　　）尺寸链。

A. 线性　　B. 平面

C. 并联　　D. 空间

13. 以下不涉及尺寸链的运用的是：（　　）。

A. 装配精度　　B. 尺寸测量

C. 尺寸公差　　D. 几何公差

14. 尺寸链具有封闭性和（　　）两种特性。

A. 独立性　　B. 关联性

C. 包容性　　D. 延伸性

15. 中间计算主要用于（　　）。

A. 工艺设计　　B. 产品设计

C. 求工序间的加工余量　　D. 验证设计的正确性

16．用于装配工艺计算的是：（　　）。

A．反计算　　B．中间计算

C．正计算　　D．负计算

三、判断题

1．尺寸链是指在机器装配或零件加工过程中，由相互连接的尺寸形成封闭的尺寸组。（　　）

2．一般来说，尺寸链是封闭的，但在某些特殊场合可以是断开的。（　　）

3．组成环包括封闭环、增环和减环。（　　）

4．组成环是指尺寸链中对封闭环没有影响的全部环。（　　）

5．尺寸链是由封闭环和组成环（增环、减环）组成的。（　　）

6．封闭环是在加工或装配完成后自然形成的一个环。（　　）

7．每个尺寸链只有一个也必有一个封闭环。（　　）

8．当组成尺寸链的尺寸较多时，一条尺寸链中封闭环可以有两个或两个以上。（　　）

9．封闭环在尺寸标注时一般不注出。（　　）

10．在尺寸链图中，凡是与封闭环同在一条直线上的各个组成环都是增环。（　　）

11．在尺寸链中，加工直接获得的基本尺寸称为增环，间接获得的尺寸称为减环。（　　）

12．在尺寸链中，如果某组成环的尺寸增大时封闭环反而减小，则该组成环是减环。（　　）

13．组成环是指尺寸链中对封闭环没有影响的全部环。（　　）

14．所谓最短尺寸链原则，就是在设计时减小所有组成环的公差值。（　　）

15．平面尺寸链是尺寸链的基本形式。（　　）

四、名词解释

1．尺寸链

2．封闭环

3．增环

4．减环

5．线性尺寸链

6．角度尺寸链

7．平面尺寸链

五、简答题

1．简述尺寸链的特性。

2．简述尺寸链的类型。

课题二　尺寸链计算的基本公式

一、填空题

1．封闭环的最大值等于____________减去____________，封闭环的最小值等于____________减去____________。

2．封闭环的最大极限值等于____________减去____________，封闭环的最小极限值等于____________减去____________。

3. 汽车零件生产属于____________生产，并且零件加工中影响尺寸分布的随机因素____________，可以认为零件的尺寸分布为____________。

4. 在尺寸链____________、封闭环______________的装配尺寸链中可用______________法进行计算。

二、选择题

1. 封闭环的基本尺寸等于（　　）。
   A. 所有增环的基本尺寸之和
   B. 所有减环的基本尺寸之和
   C. 所有增环的基本尺寸之和减去所有减环的基本尺寸之和
   D. 所有减环的基本尺寸之和减去所有增环的基本尺寸之和
2. 封闭环的公差是：(　　)。
   A. 所有增环的公差之和
   B. 所有增环与减环的公差之和
   C. 所有减环的公差之和
   D. 所有增环公差之和减去所有减环公差之和
3. 在尺寸链计算中，下列说法中正确的是：(　　)。
   A. 封闭环是根据尺寸是否重要确定的
   B. 零件中最易加工的那一环即为封闭环
   C. 封闭环是零件加工中最后形成的那一环
   D. 增环、减环都是上极限尺寸时，封闭环的尺寸最小
4. 对于尺寸链环数（　　），封闭精度要求（　　）时，可应用统计法计算。
   A. 较少　较低　　　B. 较少　较高
   C. 较多　较高　　　D. 较多　较低
5. 装配尺寸链的封闭环是（　　）要求，装配尺寸链的组成环是：(　　)。
   A. 装配精度　尺寸、大小、位置公差
   B. 装配精度　尺寸、形状、位置公差
   C. 装配尺寸　尺寸、大小、位置公差
   D. 装配尺寸　尺寸、形状、位置公差

三、判断题

1. 封闭环公称尺寸等于各组成环公称尺寸的代数和。（　　）
2. 尺寸链中封闭环公差值确定后，组成环越多，每一环分配的公差值就越大。（　　）
3. 封闭环的公差值一定大于任何一个组成环的公差值。（　　）
4. 封闭环的公差等于所有组成环公差之和。（　　）
5. 当所有增环为上极限尺寸时，封闭环获得上极限尺寸。（　　）
6. 封闭环的下极限尺寸等于所有组成环的下极限尺寸之差。（　　）
7. 在尺寸链计算中，封闭环的上极限尺寸等于所有增环的上极限尺寸之和减去所有减环的下极限尺寸之和。（　　）

8. 在尺寸链环数较多、封闭环精度要求较高的装配尺寸链中可用极值法进行计算。（　　）

9. 要提高封闭环的精确度，就要增大各组成环的公差值。（　　）

课题三　工艺尺寸链

一、填空题

1. 工艺尺寸链的分析计算，首先确定____________；其次建立____________；最后利用__________________计算工艺尺寸链。

2. ____________基准、____________基准、____________基准及____________基准都重合，是确定工序尺寸最简单的情况。

二、选择题

1. 按“入体原则”确定各组成环极限偏差应（　　）。

A. 向材料内分布　　B. 向材料外分布

C. 对称分布　　D. 正态分布

2. 如图 4-3 所示尺寸链中，封闭环 A_0 合格的尺寸有（　　）mm。

A. 6.20　　B. 6.00

C. 5.75　　D. 5.60

3. 如图 4-4 所示尺寸链中，封闭环 B_0 合格的尺寸有（　　）mm。

A. 14.55　　B. 14.70

C. 14.90　　D. 15.15

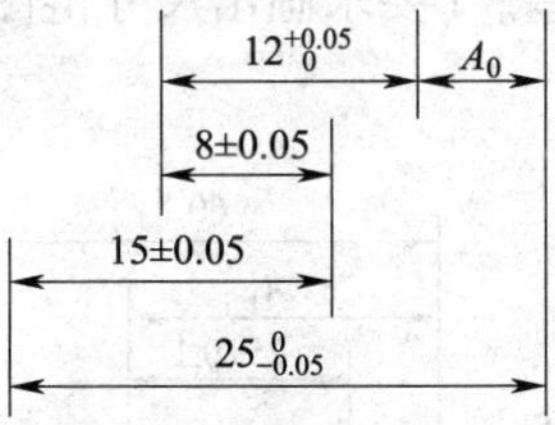

$12^{+0.05}_{0}$　A_0　8 ± 0.05　15 ± 0.05　$25^{0}_{-0.05}$

图 4-3

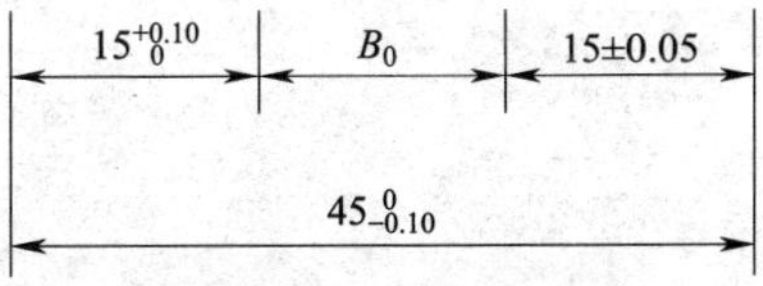

$15^{+0.10}_{0}$　B_0　15 ± 0.05　$45^{0}_{-0.10}$

图 4-4

三、判断题

1. 零件工艺尺寸链一般选择最重要的环作为封闭环。（　　）

2. 在工艺尺寸链中，封闭环按加工顺序确定，若加工顺序改变，封闭环也随之改变。（　　）

3. 尺寸链计算中加工或装配最后获得的尺寸称为封闭环。（　　）

4. 孔的直径公差，如果按“入体原则”标注，则其最小极限值为零。（　　）

5. 在确定工艺尺寸链中的封闭环时，要根据零件的工艺方案紧紧抓住“间接获得”的

尺寸这一要点。 (　　)

6. 封闭环常常是结构功能确定的装配精度或技术要求，如装配间隙、位置精度等。 (　　)

四、计算题

1. 成批生产如图 4－5 所示零件时，用端面 B 定位加工表面 A，以保证图中各尺寸，试标注铣削缺口时的轴向工序尺寸及公差。

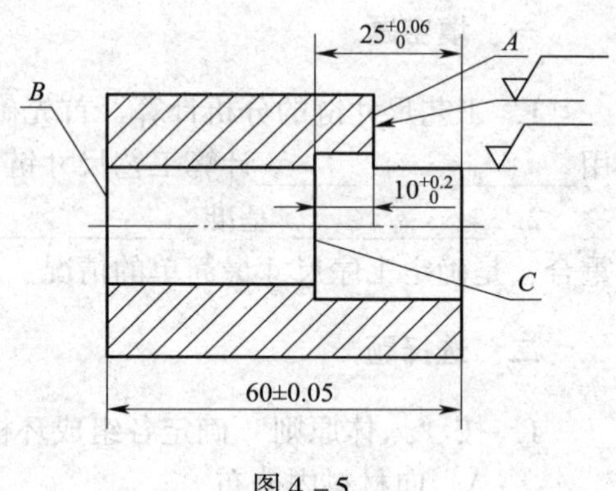

图 4－5

2. 如图 4－6 所示为轴套零件的轴向尺寸，其外圆、内孔及端面均已加工完毕。试求：当以 B 面定位钻直径为 $\phi10$ mm 孔时的工序尺寸 A_1 及其偏差。(要求画出尺寸链图，指出封闭环、增环和减环)

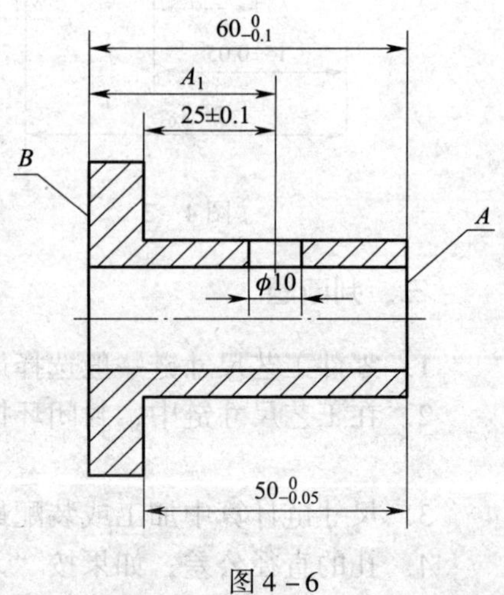

图 4－6

课题四　装配尺寸链

一、填空题

1．装配精度是指零件经装配后在__________、__________及__________等方面所获得的精度。

2．装配精度既是制定____________的主要依据，也是确定____________的依据。

3．装配精度可由零件的______________与__________共同保证。

4．汽车制造中常用的保证装配精度的装配方法有四种，即____________装配法、__________装配法、__________装配法和__________装配法。

5．互换装配法按其互换程度不同可分为__________和__________。

6．选择装配法按其形式不同可分为____________选配法、____________装配法和__________选配法三种形式。

二、选择题

1．在装配尺寸链中，封闭环的公差往往体现了机器或部件的精度，因此在设计中应使形成此封闭环的尺寸链的环数（　　）。

A．越少越好　　B．多少无宜

C．越多越好　　D．适中

2．以下对于完全互换法的说法中不正确的是：(　　)。

A．完全互换法可提高生产效率

B．完全互换法对零件的加工精度要求较高

C．完全互换法装配简单

D．完全互换法是较为传统的装配方法

3．分组互换装配法适用于（　　），装配精度要求（　　）的少环尺寸链中。

A．大批生产　高　　B．大批生产　低

C．小批生产　高　　D．小批生产　低

4．关于修配装配法，以下说法中不正确的是：(　　)。

A．修配装配法能保证较高的装配精度　　B．修配装配法需熟练工人

C．修配装配法需复杂的机器设备　　D．修配装配法生产率较低

5．机械装配中，零件按一定公差加工后，装配时不经任何修配和调整即能达到装配精度要求的装配方法称为（　　）。

A．互换装配法　　B．选配装配法

C．修配装配法　　D．调整装配法

6．在成批大量生产中，对于组成环数少、装配精度要求高的零件，常采取（　　）。

A．完全互换法　　B．分组装配法

C．调整法　　D．不完全互换法

7．机械装配中，将相互配合的零件按经济精度加工，选择合适的零件进行装配，以保证封闭环的精度达到规定的技术要求，这种装配方法称为（　　）。

A．互换装配法　　B．选配装配法

C．修配装配法　　D．调整装配法

8．以下全属于装配方法的一组是：（　　）。

A．完全互换法、不完全互换法、选择装配法、修配装配法、调剂装配法

B．完全互换法、不完全互换法、固定装配法、修配装配法、调整装配法

C．完全互换法、不完全互换法、选择装配法、修配装配法、调整装配法

D．完全互换法、不完全互换法、选择装配法、试配装配法、调整装配法

三、判断题

1．在装配尺寸链中，封闭环是在装配过程中最后形成的一环，即为装配的精度要求。（　　）

2．在装配尺寸链中，封闭环是在装配过程中形成的一环。（　　）

3．装配尺寸链中的封闭环存在于零部件之间，而绝对不在零件上。（　　）

4．装配精度与零件加工精度有关，而与装配方法无关。（　　）

5．在装配精度既定的条件下，装配尺寸链中组成环数目越少，组成环分配到的公差就越大，各零件的加工就越容易、越经济。（　　）

6．装配精度是装配尺寸链的封闭环。（　　）

7．高精度的零件一定能装配出高精度的机器。（　　）

8．装配精度要求越高，则零件的制造精度必须很高才能达到装配精度要求。（　　）

9．在装配尺寸链中，每个独立尺寸的偏差都将影响装配精度。（　　）

10．在各种装配方法中，选择装配法是首选方法。（　　）

11．采用不完全互换法可以使零件获得较大的加工公差。（　　）

12．采用不完全互换装配法可以降低制造成本。（　　）

13．采用直接选择法装配，装配精度取决于机器的自动化程度。（　　）

14．采用分组互换法装配，其装配精度主要取决于分组公差。（　　）

15．选择装配法适用于成批或大量生产中，装配精度要求高、组成环数少的场合。（　　）

16．只要装配得当，精度不高的零件也能装配出精度很高的机器。（　　）

四、名词解释

1．完全互换法

2．不完全互换法

3．选择装配法

4．调整装配法

5．修配装配法

五、简答题

1．简述装配精度与零件精度之间的关系。

2．简述装配尺寸链的建立步骤。

3．简述装配方法的选择原则。

模块五　汽车零件的机械加工质量分析

课题一　机械加工质量的基本知识

一、填空题

1. 汽车产品制造质量包括__________和__________两方面内容，__________是保证产品质量的基础。

2. 机械加工质量包括__________与__________。加工几何精度包括__________精度、__________精度和__________精度。表面质量包括__________和__________等。

3. 加工表面的微观几何形状特征是通过加工表面的__________、__________、__________和__________四个方面共同衡量的。

4. 材料表面层的物理力学性能包括__________、__________和__________。

5. 零件表面的磨损过程分为__________、__________和__________三个阶段。

6. 几何误差产生的原因是由构成机械加工工艺系统的__________、__________、__________和__________四要素决定的。

7. 加工前的误差包括__________误差、__________误差、__________误差、__________误差和毛坯误差。

8. 加工过程的误差包括__________误差、__________误差和__________误差。

9. 加工后的误差包括__________误差和__________误差。

二、选择题

1. 零件加工后，其实际几何参数与理想几何参数的不符合程度，称为（　　）。

   A. 定位误差　　B. 加工误差

   C. 基准误差　　D. 方法误差

2. 下述刀具中，（　　）的制造误差会直接影响加工精度。

   A. 内孔车刀　　B. 端面铣刀

   C. 铰刀　　D. 浮动镗刀块

3. 加工精度包括（　　）。

   A. 表面精度、相对精度、位置精度　　B. 尺寸精度、形状精度、相对精度

   C. 尺寸精度、形状精度、位置精度　　D. 表面精度、形状精度、位置精度

4. 以下不属于加工误差的是：（　　）。

A. 视觉误差　　　　B. 定位误差

C. 安装误差　　　　D. 对刀误差

5. 尺寸精度、形状精度、位置精度之间的联系是：(　　)。

A. 形状公差 < 尺寸公差 < 位置公差　　B. 位置公差 < 形状公差 < 尺寸公差

C. 尺寸公差 < 形状公差 < 位置公差　　D. 形状公差 < 位置公差 < 尺寸公差

6. 零件加工后的实际几何参数对理想几何参数的偏离程度称为 (　　)。

A. 加工精度　　　　B. 加工方法

C. 加工误差　　　　D. 加工表面质量

7. 工件在机械加工中允许存在合理的加工误差，这是因为 (　　)。

A. 生产中不可能无加工误差　　B. 零件允许存在一定的误差

C. 精度要求过高则制造费用太高　　D. 以上都是

三、判断题

1. 经过机械加工后获得的零件尺寸不再有误差。(　　)

2. 加工精度越高则加工误差越小。(　　)

3. 加工精度用公差等级衡量，公差等级值越大，其加工精度越高。(　　)

4. 加工误差主要由刀具、工件的安装造成。(　　)

5. 加工误差用数值表示，数值越大，其误差越大。(　　)

6. 只要零件的加工误差在规定的范围之内，就认为零件是满足精度要求的合格产品。(　　)

7. 尺寸精度越高时，形状、位置精度越高。(　　)

8. 对于一般机械加工，几何形状误差约占尺寸误差的 1/3。(　　)

9. 若残余应力超过了材料的极限强度，就会产生微观裂纹，给零件的使用带来严重的隐患。(　　)

10. 磨削加工中，切削热的集中使材料表面产生高温，在材料表面发生不同程度的金相组织和性能改变。(　　)

11. 加工硬化可以引发裂纹的产生和扩展。(　　)

12. 零件表面的残余应力会降低零件的耐腐蚀性。(　　)

四、名词解释

1. 机械加工精度

2. 表面冷作硬化

3．残余应力

五、简答题

1．研究机械加工精度的目的是什么？

2．在机械加工中，对加工精度较高的零件要考虑哪些方面的问题？

3．工件表面质量对使用性能的影响有哪些？

课题二　工艺系统的几何误差及控制

一、填空题

1．机床主轴回转误差可以分解为__________、__________和__________三种。

2．主轴回转误差产生的原因主要来自____________和____________。

3．主轴误差包括＿＿＿＿＿＿＿＿＿＿和＿＿＿＿＿＿＿＿＿＿。轴承误差主要指＿＿＿＿＿＿＿＿＿＿。

4．在车床上加工时因＿＿＿＿＿＿，切削平面＿＿＿＿＿＿＿，此为误差敏感方向＿＿＿＿＿＿的类型。而在镗床上加工时因＿＿＿＿＿＿，切削平面＿＿＿＿＿＿，误差敏感方向是＿＿＿＿＿＿方向，即敏感方向为＿＿＿＿＿＿的类型。

5．刀具误差包括刀具的＿＿＿＿＿＿＿误差、＿＿＿＿＿＿误差和＿＿＿＿＿＿误差等。

6．机械加工中常用的刀具有＿＿＿＿＿刀具、＿＿＿＿刀具和＿＿＿＿刀具。

7．刀具在加工过程中的磨损可分为三个阶段。第一阶段，＿＿＿＿＿＿＿＿＿＿；第二阶段，＿＿＿＿＿＿＿＿＿＿；第三阶段，＿＿＿＿＿＿＿＿＿＿＿。

8．夹具误差主要是指＿＿＿＿＿＿误差、＿＿＿＿＿＿误差、＿＿＿＿＿＿误差、＿＿＿＿＿＿误差以及夹具的磨损等。

9．测量误差来源于＿＿＿＿＿＿误差和＿＿＿＿＿＿误差，也会因其他环境变化而引起。

10．为了减少＿＿＿＿＿＿＿＿，提高＿＿＿＿＿＿，降低＿＿＿＿＿＿＿＿，在汽车生产中大量采用＿＿＿＿＿＿＿＿来测量零件。

二、选择题

1．车削螺纹时，产生螺距误差，影响误差大小的主要因素是：(　　)。

A．主轴回转精度　　B．导轨误差

C．传动链误差　　D．测量误差

2．车削模数蜗杆时造成螺距误差的原因是：(　　)。

A．配换齿轮　　B．刀具变形

C．夹具变形　　D．工件变形

3．镗床主轴采用滑动轴承时，影响主轴回转精度的最主要因素是：(　　)。

A．轴承孔的圆度误差　　B．主轴轴径的圆度误差

C．轴径与轴承孔的间隙　　D．切削力的大小

4．在普通车床上用三爪卡盘装夹工件外圆车内孔，加工后发现孔与外圆不同轴，可能的原因是：(　　)。

A．车床主轴径向跳动

B．三爪卡盘装夹面与主轴回转线不同轴

C．刀尖与主轴回转线不等高

D．车床纵向导轨与主轴回转线不平行

5．在车床上就地车削（磨削）三爪卡盘的卡爪是为了（　　）。

A．提高主轴回转精度

B．降低三爪卡盘卡爪面的表面粗糙度

C．提高装夹稳定性

D．保证三爪卡盘的卡爪面与主轴回转轴线同轴

6．车床床身导轨的直线度、平行度以及刀架溜板移动方向与主轴轴线的平行度属于机

床的（　　）。

A. 定位精度　　B. 几何精度

C. 传动精度　　D. 加工精度

7. 车床导轨在水平面内与主轴线不平行，会使车削后的圆产生（　　）。

A. 尺寸误差　　B. 位置误差

C. 圆柱度误差　　D. 圆度误差

8. 车床主轴的纯轴向窜动对（　　）的形状精度有影响。

A. 车削内外圆　　B. 车削端平面

C. 车内螺纹　　D. 切槽

9. 车床主轴有径向跳动，镗孔时会使工件产生（　　）。

A. 尺寸误差　　B. 同轴度误差

C. 圆度误差　　D. 圆柱度误差

10. 为减少传动元件对传动精度的影响，应采用（　　）传动。

A. 升速　　B. 降速

C. 等速　　D. 变速

11. 机床的传动链误差对于（　　）的精度影响很大。

A. 车外圆　　B. 车螺纹

C. 车内孔　　D. 车端面

12. 机床的传动链误差对于（　　）的精度影响很大。

A. 滚齿　　B. 磨外圆

C. 拉花键　　D. 车端面

13. 通常机床传动链的（　　）元件误差对加工误差影响最大。

A. 首端　　B. 末端

C. 中间　　D. 两端

14. 制造误差不直接影响加工精度的刀具是：（　　）。

A. 外圆车刀　　B. 成型车刀

C. 钻头　　D. 拉刀

15. 在下列量具中，属于专用量具的是：（　　）。

A. 塞尺　　B. 游标卡尺

C. 钢直尺　　D. 外径千分尺

16. 提高加工工件所用机床的几何精度，属于（　　）。

A. 补偿原始误差　　B. 抵消原始误差

C. 减少原始误差　　D. 转移原始误差

17. 以下不会影响测量误差的是：（　　）。

A. 量具的磨损　　B. 温度的变化

C. 工件的摆放　　D. 测量的读数

18. 将影响加工精度的原始误差转移到非误差敏感方向，属于（　　）。

A. 补偿原始误差　　B. 抵消原始误差

C. 减少原始误差　　D. 转移原始误差

三、判断题

1. 机械加工中允许有加工原理误差。 ( )
2. 加工原理误差在加工过程中可以消除。 ( )
3. 只要加工误差不超过规定的工序误差，就可以采用近似的加工方法。 ( )
4. 普通车床导轨在垂直面内的直线度误差对加工精度影响不大。 ( )
5. 车床主轴的径向跳动不影响加工轴的圆度误差。 ( )
6. 加工时，要尽量使影响加工精度的原始误差出现在误差非敏感方向。 ( )
7. 对于平面磨床，床身导轨在垂直面内的直线度要求应该高于水平平面内的直线度要求。 ( )
8. 传动链误差只取决于传动链中各元件的制造误差。 ( )
9. 机床的传动链误差不会影响滚齿加工精度。 ( )
10. 符合产品标准的刀具不会有误差。 ( )
11. 刀具的制造误差对加工精度有直接影响。 ( )
12. 定位误差是由于夹具定位元件制造不准确所造成的加工误差。 ( )
13. 测量零件用的专用量具和检具是针对具体零件尺寸而制造的，大多数反映测量真实数值。 ( )

四、名词解释

1. 加工原理误差

2. 机床主轴回转误差

3. 测量误差

五、简答题

1. 什么是原始误差？

2. 简述提高主轴回转精度的主要措施。

3. 简述提高机床传动误差的主要措施。

课题三　工艺系统受力变形引起的误差及控制

一、填空题

1. 机械加工工艺系统是一个弹性系统，在外力作用下产生的变形位移的大小取决于____________和____________。

2. 在切削力的作用下所产生各个方向上的变形，只有在____________上产生的位移影响工件的质量。

3. 在实际加工中可采用增加__________，逐步减少__________来提高加工精度。

4. 在车床上车削细长杆的加工中，一般采取____________、____________和____________等措施来提高加工精度。

二、选择题

1. 工件受外力时抵抗接触变形的能力，称为（　　）。

A. 工艺系统刚度　　B. 工件硬度

C. 接触刚度　　D. 疲劳强度

2. 在车床静刚度曲线中，加载曲线与卸载曲线（　　）。

A. 重合　　B. 不重合

C. 部分重合　　D. 没有联系

3. 在车削细长光轴时宜选用（　　）。

A. 两爪跟刀架　　B. 三爪跟刀架

C. 顶尖　　D. 以上都对

4. 在车床上用两顶尖装夹长轴车外圆时，如机床刚度较低，则工件产生中（　　）的形状误差；如工件刚度较低，则工件产生中（　　）的形状误差。

A. 凹　凸　　B. 凹　凹

C. 凸　凹　　D. 凸　凸

5. 在车床两顶尖间车细长轴外圆，若只考虑工件刚度，则加工后会产生的误差是：（　　）。

A. 尺寸误差　　B. 形状误差

C. 位置误差　　D. 尺寸和形状误差

6. 在接触零件之间施加预紧力，是提高工艺系统（　　）的重要措施。

A. 精度　　B. 强度

C. 刚度　　D. 柔度

7. 加工大型或重型零件时，在精加工之前将工件松开，然后重新夹紧，其目的是：（　　）。

A. 加大夹紧力　　B. 减小夹紧变形

C. 调整夹紧位置　　D. 提高定位精度

8. 某轴毛坯有锥度，则粗车后此轴会产生（　　）。

A. 圆度误差　　B. 尺寸误差

C. 圆柱度误差　　D. 位置误差

9. 车削较长轴的端面或钻孔、车孔时，为提高工件刚度，常使用（　　）。

A. 跟刀架　　B. 中心架

C. 支撑角铁　　D. 鸡心夹头和拨盘

10. 中心架或跟刀架的主要作用是：（　　）。

A. 增强工件的强度　　B. 增强工件的刚度

C. 增强刀具的强度　　D. 增强刀具的刚度

11. 薄壁套筒零件安装在车床三爪卡盘上，以外圆定位车内孔，加工后发现孔有较大的圆度误差，其主要原因是：（　　）。

A. 工件夹紧变形　　B. 工件热变形

C. 刀具受力变形　　D. 刀具热变形

三、判断题

1. 工艺系统抵抗外力的能力，称为工艺系统刚度。（　　）

2. 细长轴加工后呈纺锤形，产生此误差的主要原因是工艺系统刚度低。（　　）

3. 一批轴要进行粗加工和精加工，通常应至少分成两道工序。（　　）

4. 粗加工后不能直接进行精加工是因为工件有内应力。（　　）

5. 工艺系统刚度主要取决于薄弱环节的刚度。（　　）

6. 工件受力变形产生的加工误差是在工件加工以前就存在的。（　　）

四、简答题

1．分析车床刀架刚度的变形曲线，可以总结出机床刀架刚度有哪些特点？

2．简述提高工艺系统刚度的主要措施。

课题四　工艺系统热变形引起的误差及控制

一、填空题

1．引起工艺系统热变形的热源可分为＿＿＿＿＿＿和＿＿＿＿＿＿两大类。

2．内部热源包括＿＿＿＿＿＿和＿＿＿＿＿＿。

3．＿＿＿＿＿＿和＿＿＿＿＿＿是工艺系统的主要热源。

4．外部热源包括＿＿＿＿＿＿和＿＿＿＿＿＿。外部热源的热辐射影响对于＿＿＿＿和＿＿＿＿加工尤显重要。

5．车、铣、钻、镗类机床，主轴箱中的＿＿＿＿＿＿＿、＿＿＿＿＿发热和＿＿＿＿＿＿＿发热是主要热源。

6．车床主轴发热使主轴箱在＿＿＿＿＿＿内与＿＿＿＿＿＿内发生＿＿＿＿＿＿＿和＿＿＿＿＿＿＿。

7．在加工中，合理选用＿＿＿＿＿＿，正确使用＿＿＿＿＿＿，及时＿＿＿＿＿＿，以免产生过多的加工热。

8．对机床中的运动部件，要减少其发热量，通常从＿＿＿＿＿＿和＿＿＿＿＿＿等方面着手。

二、选择题

1. 刀具的热源主要是：(　　)。

A. 切削热　　B. 摩擦热

C. 传动热　　D. 辐射热

2. 磨削较长的薄片工件时，如在长度方向两端定位，在磨削热的影响下，工件会发生(　　) 的变形，冷却后工件会产生 (　　) 的形状误差。

A. 凸起　凸起　　B. 凸起　下凹

C. 下凹　下凹　　D. 下凹　凸起

3. 要增加车刀的热伸长量，以下措施中不可行的是：(　　)。

A. 提高切削用量　　B. 增加刀杆横截面尺寸

C. 增加刀片厚度　　D. 用高强度加工材料

4. 工件受热均匀变形时，热变形使工件产生的误差是：(　　)。

A. 尺寸误差　　B. 形状误差

C. 位置误差　　D. 尺寸和形状误差

5. 车削加工中，大部分切削热 (　　)。

A. 传给工件　　B. 传给刀具

C. 传给机床　　D. 被切屑带走

6. 磨削加工中，大部分切削热 (　　)。

A. 传给工件　　B. 传给刀具

C. 传给机床　　D. 被磨屑带走

7. 造成车床主轴抬高或倾斜的主要原因是：(　　)。

A. 切削力　　B. 夹紧力

C. 主轴箱和床身温度上升　　D. 刀具温度高

8. 为了减少机床零部件的热变形，在零部件设计上应注意 (　　)。

A. 加大截面积　　B. 减小长径比

C. 采用开式结构　　D. 采用热对称结构

三、判断题

1. 工件受热变形产生的加工误差是在工件加工过程中产生的。(　　)

2. 工件在机械加工中出现的热变形，都是由切削热引起的。(　　)

3. 切削热只是来源于切削层金属的弹性、塑性变形所产生的热。(　　)

4. 减少工艺系统热变形主要应从减少热源和减少温差来考虑。(　　)

5. 加工精密零件时，要快速使机床达到热平衡，主要目的是提高加工效率。(　　)

6. 两顶尖装夹车削外圆，工件由于热变形的影响，将被加工成中凹。(　　)

7. 对于线膨胀系数较大的金属薄壁件，在半精车和精车的一次装夹中连续车削，所产生的切削热不会影响它的尺寸精度。(　　)

8. 磨削机床床身导轨时，磨削热会使导轨产生中凸。(　　)

9. 切削用量三要素中，对切削热影响最大的是切削速度。(　　)

四、名词解释

1. 切削热

2. 摩擦热

五、简答题

1. 简述工艺系统热源的分类及各自的特点。

2. 简述控制工艺系统热变形的主要措施。

课题五　工艺系统内应力引起的误差及控制

一、填空题

1. 为了减少变形，一般在铸件粗加工后进行__________，消除掉____________后，再进行__________。

2. 当零件产生弯曲变形时，如果变形较小，可通过____________，利用____________去除其弯曲度；如果变形较大，则可用____________的方法。

3. 在机械加工中常采用粗、精加工分开，以消除____________对____________的影响。

4. 时效处理方法有____________、____________和____________三种。

5. 振动时效处理使工件在一定的______________下，保持几分钟甚至几十分钟的振动，引起工件金属内部______________，使金属的结构______________，以减少或消除______________。

二、选择题

1. 为消除一般机床主轴箱体铸件的内应力，应采用（　　）。

A. 正火处理　　　　B. 调质处理

C. 时效处理　　　　D. 表面热处理

2. 工件表层残余应力的数值及性质主要取决于工件（　　）工序的加工方法。

A. 最终　　　　B. 最初

C. 切削量大　　　　D. 切削量小

3. 为消除内应力而进行的热处理工序（如退火、人工时效），最好安排在（　　）。

A. 粗加工之后　　　　B. 精加工之后

C. 光整加工之后　　　　D. 所有切削加工之后

三、判断题

1. 冷校直后的工件减少了弯曲，当再加工一次后，不会产生新的弯曲变形。（　　）

2. 对于大零件可采用人工时效的方法来减小内应力。（　　）

3. 退火和正火作为预备热处理常安排在毛坯制造之后，粗加工之前。（　　）

4. 刀具后刀面磨损值增大，使后刀面与加工表面摩擦加大，切削温度升高，使残余拉应力层深度增大。（　　）

5. 加工表面层产生的残余压应力，能提高零件的疲劳强度。（　　）

6. 由于冷校直而产生的工件表面应力为拉应力。（　　）

7. 工件的内应力不影响加工精度。（　　）

8. 在机械加工工艺过程中，安排热处理工序的目的是改变材料的力学性能和消除内应力。（　　）

四、名词解释

1. 自然时效处理

2. 人工时效处理

3. 振动时效处理

五、简答题

简述减少或消除内应力的主要措施。

课题六　影响零件表面质量的因素及控制

一、填空题

1. 零件表面质量虽然只反映表面的____________和____________，但它对零件的____________、____________、____________、____________等使用性能有不同程度的影响。

2. 零件的耐磨性与____________、____________及____________等有关，但在上述条件确定的情况下，起主导作用的是____________。

3. 承受循环载荷的零件表面粗糙度值大时，就容易发生____________；而减小表面粗糙度值将有助于____________。

4. 零件腐蚀的程度和速度与表面粗糙度有很大关系，表面粗糙度值____________，则越容易____________。

5. 切削加工表面的表面粗糙度主要取决于____________，并与____________和____________有关。

6. 为减小切削加工后的表面粗糙度值，常在精加工前进行____________，目的在于得到____________和____________。

7. 合理选择__________，适当增大____________，提高____________等，均可有效减小加工表面粗糙度值。

8. 表面层的硬化程度取决于____________、____________及____________。

9. 影响加工硬化的主要因素有____________、____________和____________等。

二、选择题

1. 公差等级越（　　），表面粗糙度值越（　　）。
   A. 高　小　　　　B. 高　大
   C. 低　小　　　　D. 低　大

2. 在切削加工时，下列（　　）因素对表面粗糙度没有影响。
   A. 刀具几何形状　　　　B. 切削用量
   C. 工件材料　　　　D. 检测方法

3. 机械加工表面质量的内容有（　　）。
   A. 几何形状误差、表层金属力学物理性能和化学性能
   B. 波度、纹理方向、伤痕、表面粗糙度、金属物理性能
   C. 表面粗糙度、表层金属力学物理性能和化学性能
   D. 波度、纹理方向、表面粗糙度、表层金属力学物理性能

4. 切削加工时，对表面粗糙度影响最大的因素是：（　　）。
   A. 刀具材料　　　　B. 进给量
   C. 背吃刀量　　　　D. 工件材料

5. 前刀面上出现积屑瘤对（　　）有利。
   A. 精加工　　　　B. 半精加工
   C. 光整加工　　　　D. 粗加工

6. 加工铸铁时，产生表面粗糙度的主要原因是残留面等因素引起的（　　）。
   A. 塑性变形　　　　B. 塑性变形和积屑瘤
   C. 积屑瘤　　　　D. 切屑崩碎

7. （　　）是一种典型的易产生加工表面金相组织变化的加工方法。
   A. 车削　　　　B. 铣削
   C. 钻削　　　　D. 磨削

8. 冷态下塑性变形经常在表层产生（　　）。
   A. 拉应力　　　　B. 不一定
   C. 压应力　　　　D. 金相组织变化

9. 零件配合性质的稳定性与（　　）的关系较大。
   A. 零件材料　　　　B. 加工表面质量
   C. 载荷大小　　　　D. 接触刚度

10. 工件材料的塑性越大，冷作硬化倾向越（　　），冷作硬化程度越（　　）。
   A. 小　轻微　　　　B. 小　严重

C. 大　轻微　　　　　　　　　　D. 大　严重

11. 金属的加工硬化现象将导致（　　）。

A. 强度降低，塑性提高　　　　　　B. 强度提高，塑性提高

C. 强度提高，塑性降低　　　　　　D. 强度降低，塑性降低

12. 工件加工过程中若表面层以热态塑性变形为主，常在表层产生（　　）。

A. 拉应力　　　　　　　　　　　B. 压应力

C. 金相组织变化　　　　　　　　D. 以上都不对

13. 磨削表层裂纹是由于表面层（　　）的结果。

A. 残余应力作用　　　　　　　　B. 氧化

C. 材料成分不均匀　　　　　　　D. 产生回火

14. 在相同的磨削条件下，以下（　　）材料的工件磨削以后得到的表面粗糙度值最小。

A. 钢　　　　　　　　　　　　　B. 铝

C. 铜　　　　　　　　　　　　　D. 铸铁

三、判断题

1. 加工表面上残留面积越大、高度越高，则工件表面粗糙度值越大。（　　）
2. 表面粗糙度值越小，其耐腐蚀性越好。（　　）
3. 零件表面粗糙度值越小，其耐磨性越好。（　　）
4. 降低表面粗糙度只是为了减小对摩擦控制的磨损和提高零件的耐腐蚀性。（　　）
5. 零件的表面层金属发生冷作硬化现象后，其强度和硬度都有所增加。（　　）
6. 切削加工时，进给量和切削速度对表面粗糙度的影响不大。（　　）
7. 表面粗糙度 *Ra* 值越大，表示表面粗糙度要求越高；*Ra* 值越小，表示表面粗糙度要求越低。（　　）
8. 减小表面粗糙度值可以提高表面接触刚度。（　　）
9. 表面粗糙度低的表面质量就好。（　　）
10. 采用高速切削能降低表面粗糙度值。（　　）
11. 冷塑性变形会使工件表面产生残余拉应力。（　　）
12. 磨削淬火钢时，影响工件金相组织变化的主要因素是磨削热。（　　）
13. 为减轻磨削烧伤，可加大磨削深度。（　　）

四、名词解释

切削残留面积

五、简答题

1. 汽车零件表面质量对使用性能有哪些影响？

2. 简述影响加工硬化的主要因素。

3. 简述磨削烧伤的控制措施。

模块六　机械加工工艺规程的制定

课题一　机械加工工艺规程概述

一、填空题

1. 机械加工工艺规程是规定________和________的工艺文件。

2. 机械加工工艺规程应满足________和________两方面的要求。

3. 机械加工工艺规程文件主要有________、________、________和________等。

4. 工艺规程是________、________、________、________的主要依据，对产品的________、________、________有直接影响。

5. 分析零件加工工艺性包括对________、________和________等技术要求________的审查；对________和________的________的审查。

6. 汽车常用机械零件的毛坯来自于________、________、________、________、________以及粉末冶金、成形轧制件等。

7. 对于材料为结构钢的零件，可根据________、________、________、________和________来确定毛坯种类。

8. 机械加工工艺路线是机械加工工艺规程的核心，其主要内容包括________、________、________以及________、________和其他工序。

二、选择题

1. 每道工序加工时的操作文件称为（　　）。

A. 工艺过程卡片　　B. 工序卡片

C. 调整卡片　　D. 检验工序卡片

2. 工艺规程是：（　　）。

A. 文件形式的工艺路线　　B. 各种工艺的规划

C. 工艺的规范化程度　　D. 工艺路线的一部分

3. 下列不属于工艺装备的是：（　　）。

A. 夹具　　B. 刀具

C. 量具　　D. 工作台

4. 科学、合理地制定零件的加工工艺规程的步骤是：（　　）。

A. 工艺准备→毛坯选择→工艺分析→工艺方案制定→详细工艺设计

B. 工艺准备→工艺方案制定→工艺分析→毛坯选择→详细工艺设计

C. 工艺准备→工艺分析→毛坯选择→工艺方案制定→详细工艺设计

D. 工艺方案制定→工艺准备→工艺分析→毛坯选择→详细工艺设计

三、判断题

1. 工艺规程是一种技术性文件，工厂的生产、工艺管理及工人的操作等都必须按照工艺规程所规定的内容和方法去做。（　　）

2. 机械加工工艺规程在技术方面，能保证零件设计图样所规定的全部加工要求。（　　）

3. 工艺卡片必须是规范化的、统一的。（　　）

4. 中批生产中，机械加工工艺规程多采用机械加工工序卡片的形式。（　　）

5. 机械加工艺规程是保证产品质量与经济效益的实施性文件。（　　）

6. 制定工艺规程要满足技术性、经济性和安全性要求。（　　）

7. 具有良好工艺性的零件，既方便加工，又能保持较低的制造成本。（　　）

8. 零件的结构工艺性对加工工艺过程影响很大。（　　）

9. 对于重要的轴或直径差别较大的阶梯轴，宜采用铸造毛坯，以减少材料消耗和切削加工量。（　　）

四、识图题

1. 在图6－1中，从结构工艺性方面考虑哪个方案较好？试说明理由。

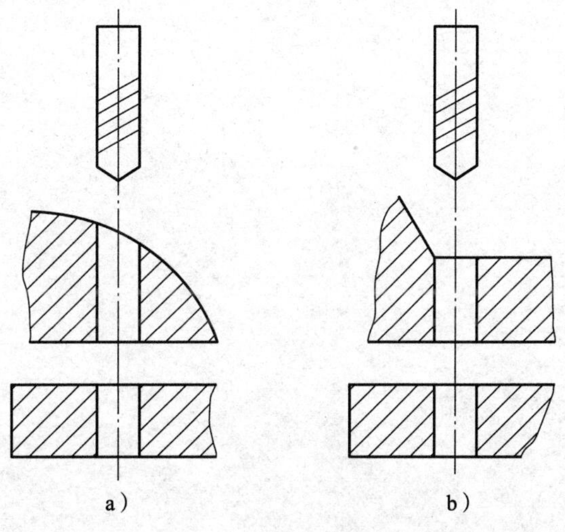

图6－1

2. 在图 6－2 中，从结构工艺性方面考虑哪个方案较好？试说明理由。

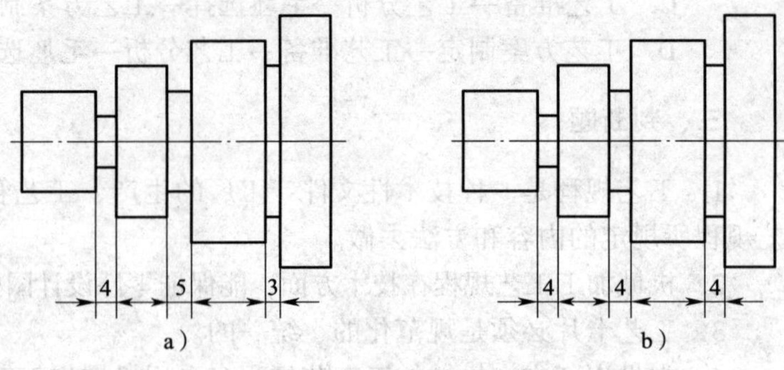

图 6－2

3. 在图 6－3 中，从装配工艺性特点指出图示结构哪个方案较好？试说明理由。

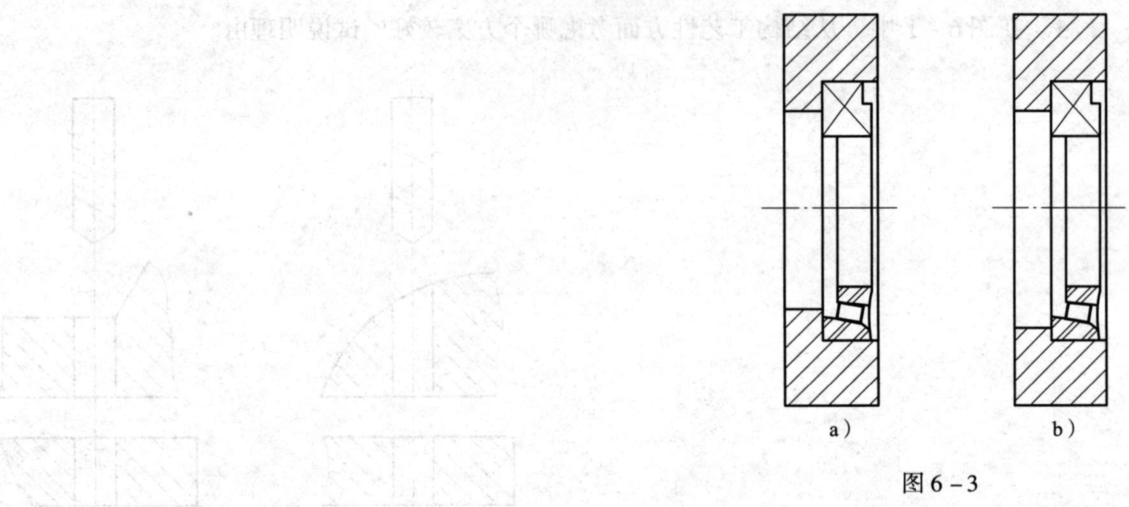

图 6－3

4. 在图6－4中，从结构工艺性方面考虑哪个方案较好？试说明理由。

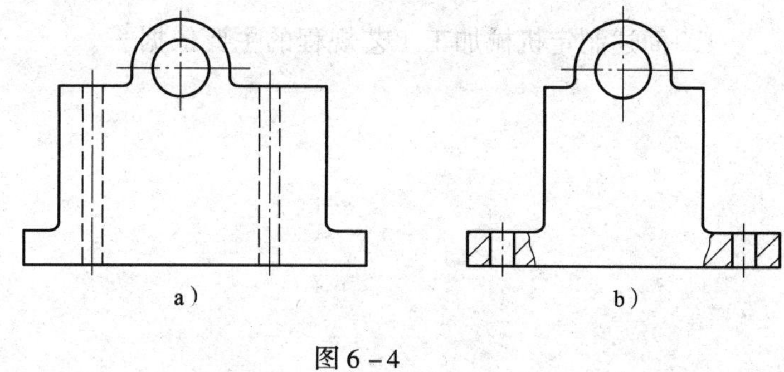

图6－4

5. 在图6－5中，从装配工艺性特点指出图示结构哪个方案较好？试说明理由。

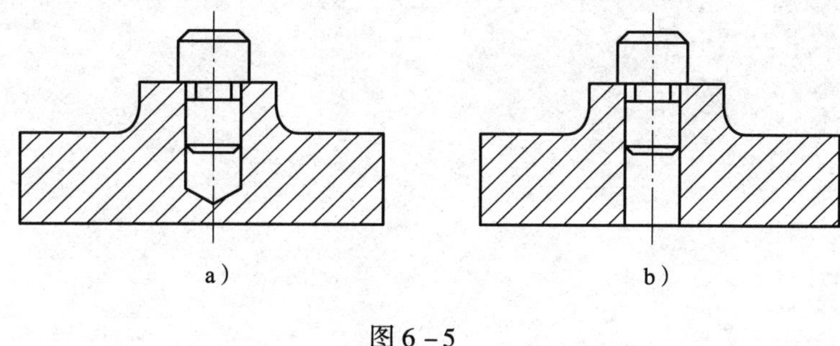

图6－5

6. 在图6－6中，指出结构工艺不合理之处，说明原因并画出改进后的图。

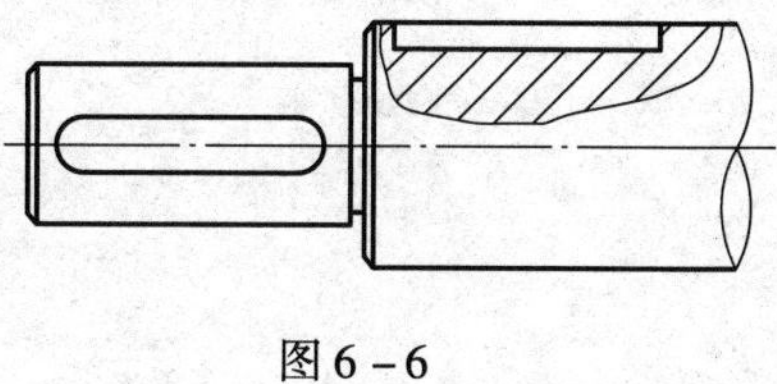

图6－6

五、简答题

1. 简述制定机械加工工艺规程的主要依据。

2. 简述机械加工工艺规程的制定步骤。

3. 简述确定毛坯的基本方法。

课题二　零件的工艺路线分析与设计

一、填空题

1．为了保证工件上加工表面与非加工表面之间的相互位置关系，提高其位置精度，应以____________________作为粗基准；当工件上有多个非加工表面时，应选用其中____________________作为粗基准。

2．当工件某加工表面很重要，要求保证它具有均匀的加工余量，应选择____________作为粗基准。

3．选用的粗基准尽可能要求____________，且有________________，不允许有______________、______________等缺陷，也不宜选用________作为粗基准。

4．在选择粗基准时会出现相互矛盾的情况，需要根据具体情况综合考虑确定__________，以___________优先确定粗基准。

5．选择精基准时，应重点考虑如何减小______________，保证________________；同时也要考虑______________，夹具结构要简单。

6．精基准应该是____________、____________、____________的表面。

7．选择表面加工方法时，一般应先根据表面的___________和___________要求，选定__________，然后再确定精加工前的__________________。

二、选择题

1．粗基准是指（　　）。

A．未经加工的毛坯表面作为定位基准　B．已加工表面作为定位基准

C．粗加工的定位基准　D．精加工的定位基准

2．选择粗基准时，若要保证某重要表面余量均匀，则应选择（　　）。

A．余量小的表面　B．该重要表面

C．半精加工之后的表面　D．任意表面

3．选择定位粗基准的基本要求是：当工件某加工表面很重要，要求保证它具有均匀的（　　）；保证工件上加工表面与非加工表面之间具有正确的（　　）精度。

A．加工余量　加工　B．加工余量　位置

C．加工误差　加工　D．加工误差　位置

4．在主轴箱体的加工中，以主轴毛坯孔作为粗基准，目的是：（　　）。

A．保证主轴孔表面加工余量均匀

B．保证箱体顶面加工余量均匀

C．保证主轴与其他不加工面的相互位置

D．减少箱体总的加工余量

5．当精加工表面要求加工余量小而均匀时，选择定位精基准的原则是：（　　）。

A．基准重合　B．基准统一

C. 互为基准　　　　　　　　　　　　D. 自为基准

6. 当工件以某一组精基准可以比较方便地加工其他各表面时，应尽可能在多数工序中采用同一组精基准定位，这就是（　　）原则。

A. 基准重合　　　　　　　　　　　　B. 基准统一

C. 互为基准　　　　　　　　　　　　D. 自为基准

7. 当有色金属（如铜、铝等）的轴类零件外圆表面要求尺寸精度较高、表面粗糙度值较小时，一般只能采用的加工方案为（　　）。

A. 粗车—精车—磨削　　　　　　　　B. 粗铣—精铣

C. 粗车—精车—超精车　　　　　　　D. 粗磨—精磨

8. 制定零件工艺规程时，首先研究和确定的基准是：（　　）。

A. 设计基准　　　　　　　　　　　　B. 工序基准

C. 定位基准　　　　　　　　　　　　D. 测量基准

9. 零件在加工过程中使用的基准称为（　　）。

A. 设计基准　　　　　　　　　　　　B. 工艺基准

C. 装配基准　　　　　　　　　　　　D. 测量基准

10. 零件加工时选择的定位粗基准可以使用（　　）。

A. 一次　　　　　　　　　　　　　　B. 两次

C. 多次　　　　　　　　　　　　　　D. 不确定

11. 依据基准重合的原则，应该尽量选择（　　）作为定位基准。

A. 工序基准或设计基准　　　　　　　B. 装配基准

C. 定位基准　　　　　　　　　　　　D. 测量基准

12. 在机械加工过程中，（　　）基准在零件的装配和使用过程中无用处，只是为了便于零件的加工而设置的基准。

A. 粗　　　　　　　　　　　　　　　B. 精

C. 辅助　　　　　　　　　　　　　　D. 第一

13. 工件上用来定位的表面称为定位基准面，而在工序图上，用来规定本工序加工表面位置的基准称为（　　）基准。

A. 工序　　　　　　　　　　　　　　B. 设计

C. 测量　　　　　　　　　　　　　　D. 辅助

14. 在选择加工箱体类零件精基准时，应优先考虑（　　）。

A. 基准重合　　　　　　　　　　　　B. 基准统一

C. 互为基准　　　　　　　　　　　　D. 自为基准

15. 选择加工表面的设计基准为定位基准的原则称为（　　）原则。

A. 基准重合　　　　　　　　　　　　B. 基准统一

C. 自为基准　　　　　　　　　　　　D. 互为基准

16. 车床主轴轴颈和锥孔的同轴度要求很高，常采用（　　）来保证。

A、基准重合　　　　　　　　　　　　B. 互为基准

C. 自为基准　　　　　　　　　　　　D. 基准统一

17. 精基准是用下列（　　）表面作为定位基准的。

A. 已加工过的表面　　B. 未加工的表面
C. 精度最高的表面　　D. 表面粗糙度值最低的表面

18. 精密齿轮高频淬火后需磨削齿面和内孔，以提高齿面和内孔的位置精度，常采用（　　）原则来保证。
A. 基准统一　　B. 基准重合
C. 互为基准　　D. 自为基准

19. 轴类零件的半精加工应安排在（　　）之后进行。
A. 淬火　　B. 正火
C. 调质　　D. 退火

20. 珩磨、铰孔及浮动镗孔加工中遵循了（　　）原则。
A. 基准统一　　B. 自为基准
C. 基准重合　　D. 便于工件的安装与加工

21. 精车属于（　　）。
A. 粗加工　　B. 半精加工
C. 精加工　　D. 光整加工

22. 精车时的切削用量一般是以（　　）为主。
A. 提高生产率　　B. 降低切削功率
C. 保证加工质量　　D. 以上都是

23. 自为基准多用于精加工或光整加工工序，其目的是：（　　）。
A. 符合基准重合原则　　B. 符合基准统一原则
C. 保证加工面的形状和位置精度　　D. 保证加工面的余量小而均匀

24. 浮动铰孔、珩磨内孔、无心磨削外圆等加工时定位基准选择遵循（　　）原则。
A. 基准重合　　B. 基准统一
C. 互为基准　　D. 自为基准

25. 下列关于工艺路线的说法中，不正确的是：（　　）。
A. 工艺路线的工序的制定是由先到后
B. 工艺路线的工序的制定是由粗到精
C. 工艺路线是制定工艺规程最关键的一步
D. 一般工艺路线只提出一个方案

26. 加工阶段按加工性质的不同可分为（　　）。
A. 粗加工、半精加工、精加工、光整加工
B. 粗加工、半粗加工、精加工、光整加工
C. 半粗加工、半精加工、精加工、光整加工
D. 粗加工、半精加工、精加工、光洁加工

27. 零件上孔径小于 30 mm 的孔，精度要求为 IT8，通常采用的加工方案为（　　）。
A. 钻—镗　　B. 钻—铰
C. 钻—拉　　D. 钻—扩—磨

28. 成批生产轴承套，毛坯材料为铸造锡青铜棒料，其孔加工采用（　　）。
A. 钻—精车　　B. 钻—车—铰

C. 钻—车—磨　　D. 钻—拉

29. 加工外圆表面采用粗车→半精车→精车加工方案，一般能达到的经济精度为(　　)。

A. IT5 ~ IT6　　B. IT7 ~ IT8

C. IT8 ~ IT10　　D. IT10 ~ IT12

30. 在实心材料上加工孔时，应选择（　　）。

A. 钻孔　　B. 扩孔

C. 铰孔　　D. 镗孔

31. 加工箱体类零件时常采用一面两孔作为定位基准，这种方法一般符合（　　）原则。

A. 基准重合　　B. 基准统一

C. 互为基准　　D. 自为基准

32. 磨削车床导轨面时，加工余量要求尽可能小而均匀，因此精基准的选择应符合(　　)原则。

A. 基准统一　　B. 基准重合

C. 互为基准　　D. 自为基准

三、判断题

1. 粗基准的选择不要求精度很高的表面。（　　）
2. 粗基准不应重复使用，否则会引起较大的定位误差。（　　）
3. 因为毛坯表面的重复定位精度差，所以粗基准一般只能使用一次。（　　）
4. 粗基准是指零件表面粗糙度较高的表面。（　　）
5. 为保证不加工表面与加工表面之间的相对位置要求，一般应选择加工表面作为粗基准。（　　）
6. 加工高精度表面时所用的定位基准称为精基准。（　　）
7. 精基准的定位精度比粗基准的定位精度高，在零件的第一道加工工序中一定要选精基准。（　　）
8. 选择精基准时，应遵循基准重合的原则。（　　）
9. 粗加工所用的定位基准称为粗基准，精加工所用的定位基准称为精基准。（　　）
10. 采用基准统一原则，可减少定位误差，提高加工精度。（　　）
11. 轴类零件常用两中心孔作为定位基准，遵循了互为基准原则。（　　）
12. 基准重合原则是指定位基准和设计基准重合。（　　）
13. 在相同的工艺条件下，加工后的工件精度与毛坯的制造精度无关。（　　）
14. 一个表面要达到加工要求只有一种加工方案。（　　）
15. 应该选择加工余量较大的面作粗基准，以保证加工余量足够。（　　）
16. 有色金属常采用磨削的方法进行精加工。（　　）
17. 正火工序一般安排在切削加工之前进行。（　　）
18. 渗碳淬火工序一般安排在磨削加工之后进行。（　　）

四、名词解释

1．基准重合原则

2．基准统一原则

3．互为基准原则

4．自为基准原则

五、识图题

1．在图6－7中，毛坯在铸造时内孔2与外圆1有偏心。如果要求：(1) 与外圆有较高同轴度的孔；(2) 内孔2的加工余量均匀。分别回答应如何选择粗基准？

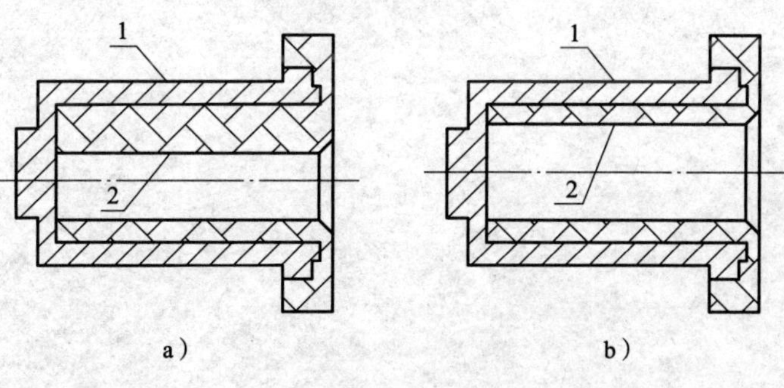

图6－7

1—外圆　2—内孔

2. 在图 6－8 中，指出哪种粗加工方案较好？试说明理由。

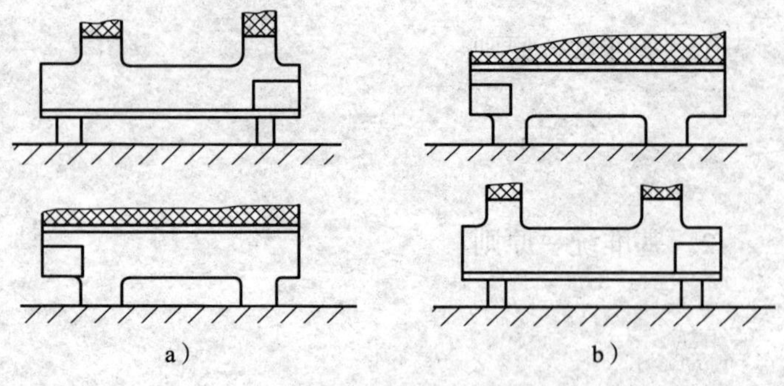

图 6－8

3. 在图 6－9 中，零件的 A、B、C 面，ϕ10H7 及 ϕ30H7 孔均已经加工好。试分析加工 ϕ12H7 孔时，选用哪些表面定位比较合理？为什么？

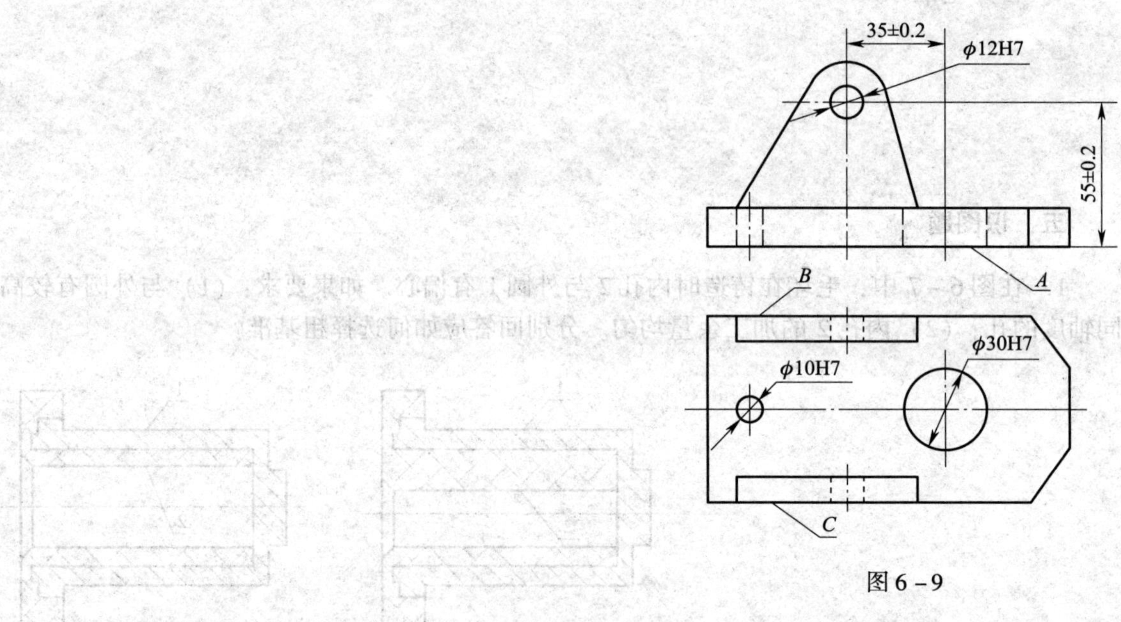

图 6－9

六、简答题

1. 简述粗基准的选择原则。

2. 简述精基准的选择原则。

3. 简述机械切削加工顺序的安排原则。

4. 简述热处理工序的安排原则。

课题三　工 序 设 计

一、填空题

1. 最小加工余量应确保能切除加工表面金属层的____________，从而最大限度地满足____________，避免增加____________。

2. 在生产实践中，加工余量的确定方法有三种，分别是____________、____________和____________。

3. 时间定额是企业安排____________，进行____________，确定____________、____________及____________的重要依据，是工艺规程的重要组成部分。

4. 工序作业时间是__________时间和__________时间之和。__________时间的确定与生产类型有关。

5. 加工小尺寸的工件时选用____________的机床，而加工较大尺寸的工件时选用____________的机床，避免盲目选用____________的机床。

6. 粗加工时，选择____________、____________的普通精度的机床；精加工时，选择____________的高精度或精密机床。

7. 单件、小批生产时选择____________的通用机床，而大批、大量生产时选择____________和____________较高的专门化或专用机床。

8. 工艺装备选择合理与否，将直接影响____________、____________和____________。

9. 选择机床夹具时，对于单件、小批生产，应尽量选用__________夹具、__________夹具；在大批生产时，应按加工工序内容要求__________、__________和__________夹具。

10. 选择量具时，单件、小批生产应广泛采用____________量具，大批、大量生产应尽量选用____________量具。

二、选择题

1. 当进行工序设计时，通常可采用（　　）和（　　）两种不同的原则。

A. 工序粗基准　工序精基准　　B. 工序先后　工序大小

C. 工序集中　工序分散　　D. 工序精度　工序定位

2. 以下不属于工艺过程划分加工阶段的原因的是：（　　）。

A. 合理利用机床　　B. 保证加工质量

C. 消除工件内应力的影响　　D. 提高产量

3. 以下对工序集中描述不正确的是：（　　）。

A. 工序集中可减少夹装次数　　B. 工序集中可提高生产率

C. 工序集中可使机床结构简单化　　D. 工序集中有利于生产的组织和计划

4. 以下不属于加工余量的确定方法的是：（　　）。

A. 经验估算法　　B. 查表修正法

C. 分析计算法　　　　　　　　　D. 概率法

5. 大批生产中用以确定机加工余量的方法是：(　　)。

A. 查表修正法　　　　　　　　　B. 分析计算法

C. 经验估算法　　　　　　　　　D. 自定义法

6. 下列因素中不影响最小工序余量的是：(　　)。

A. 前工序的表面粗糙度和缺陷层　B. 前工序的尺寸公差

C. 前工序形成的表面形状、位置误差　D. 前工序的安装误差

7. 刀具的选择主要取决于工件的结构、材料、工序的加工方法和（　　）。

A. 设备　　　　　　　　　　　　B. 加工余量

C. 加工精度　　　　　　　　　　D. 工件被加工表面粗糙度

8. 为使加工正常进行，用以照管工作地所消耗的时间，称为（　　）。

A. 基本时间　　　　　　　　　　B. 辅助时间

C. 布置工作地时间　　　　　　　D. 生理与休息时间

9. 在机械加工中，完成一个工件的一道工序所需的时间，称为（　　）。

A. 基本时间　　　　　　　　　　B. 劳动时间

C. 单件时间　　　　　　　　　　D. 服务时间

10. 工时定额由下列几种时间组成，其中改变工件的尺寸、形状、相对位置所花的时间属于（　　）。

A. 基本时间　　　　　　　　　　B. 辅助时间

C. 生理与休息时间　　　　　　　D. 布置工作地时间

11. 在拟定零件机械加工工艺过程、安排加工顺序时首先考虑的问题是：(　　)。

A. 尽可能减少工序数　　　　　　B. 精度要求高的主要表面如何加工

C. 尽可能避免使用专用机床　　　D. 尽可能增加一次安装中的加工内容

12. 单件、小批生产中，应选用的量具是：(　　)。

A. 通用量具　　　　　　　　　　B. 高效量具

C. 极限量具　　　　　　　　　　D. 专用量具

三、判断题

1. 若加工余量不足，则难以达到加工要求。（　　）
2. 每一道工序所切除金属层的厚度称为加工余量。（　　）
3. 工序余量公差等于本道工序尺寸的公差与上一道工序尺寸的公差之和。（　　）
4. 工件的某一表面的毛坯尺寸与零件设计尺寸之差为该表面的加工总余量。（　　）
5. 一个表面要达到加工要求，可以有多种加工方案。（　　）
6. 同一工件，无论用数控机床加工还是用普通机床加工，其工序都一样。（　　）
7. 应根据加工表面的加工精度和表面粗糙度要求来确定最终的加工方法。（　　）
8. 时间定额是指完成所有工序所需的时间消耗量。（　　）
9. 在生产实践中，一般通过计算查表的方法来确定时间定额。（　　）
10. 加工阶段一般分为：粗加工阶段，半精加工阶段，精加工阶段，精整、光整加工阶段。（　　）

四、名词解释

1. 加工余量

2. 时间定额

3. 工艺装备

五、简答题

1. 简述时间定额的组成。

2. 在选用机床时通常要考虑哪些因素？

课题四　工艺方案的经济性分析及提高生产率的措施

一、填空题

1. 工艺方案的经济性分析与评价可按＿＿＿＿＿＿和＿＿＿＿＿两种方法进行。

2. 工艺成本包括与工艺过程＿＿＿＿＿＿的费用和与工艺过程＿＿＿＿＿＿的费用。前者称为＿＿＿＿＿＿费用，后者称为＿＿＿＿＿＿费用。

3. 同一生产条件下，不同工艺方案与工艺过程无关的费用＿＿＿＿＿＿＿，所以生产成本的分析评比可只分析评比与工艺过程＿＿＿＿＿＿＿＿。

4. 使用精铸、精锻毛坯，可减少＿＿＿＿＿，也为＿＿＿＿＿＿提供了保证。

二、选择题

1. 在生产中的批量越大，则准备与终结时间摊到每个工件上的时间（　　）。

A. 越少　　B. 越多

C. 与生产批量无关　　D. 以上都不对

2. 以下属于不变费用的是：（　　）。

A. 材料费　　B. 行政人员工资

C. 机床工人工资　　D. 电力消耗

3. 在对两个不同的工艺方案进行经济性评比时，不仅要考虑它们的（　　），还要考虑它们的（　　）差额的大小。

A. 工艺结构　基本支出　　B. 工艺成本　基本投资

C. 工艺结构　基本投资　　D. 工艺成本　基本支出

4. 夹具的选择主要考虑零件的生产类型。对于大批生产，通常采用（　　）；对于单件、小批生产，采用（　　）。

A. 特种夹具　通用夹具　　B. 专用夹具　特种夹具

C. 专用夹具　通用夹具　　D. 通用夹具　特种夹具

5. 经济加工精度是在（　　）条件下所能保证的加工精度和表面粗糙度。

A. 最不利　　B. 最佳状态

C. 最小成本　　D. 正常加工

三、识图题

在图 6－10 中，投资相近时，从经济角度考虑应如何选择不同工艺方案？

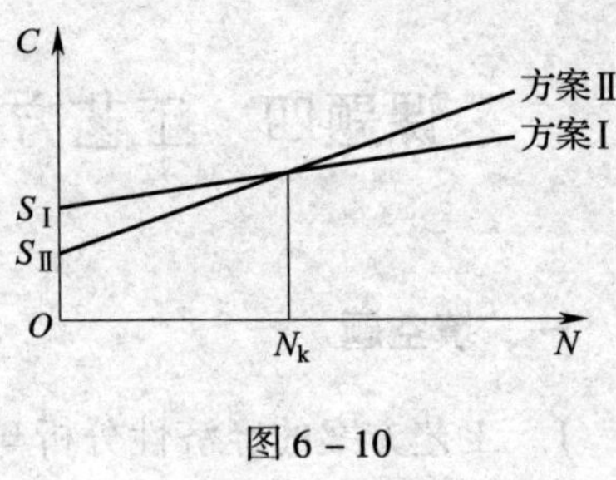

图 6-10

四、简答题

简述提高生产率的措施。

模块七　汽车典型零件的制造工艺

课题一　汽车齿轮的制造工艺

一、填空题

1. 对于汽车中的齿轮，应选用综合力学性能较好的____________，也可选用____________。

2. 齿轮毛坯在加工前常采用________或________的热处理，以消除________并改善________。

3. 齿形加工后，为提高齿面的硬度和耐磨性，对中碳钢或中碳合金钢采用________和________；对低碳合金渗碳钢采用________热处理。

4. 齿轮传动精度的高低，直接影响整台汽车的________、________和________。

5. 齿轮加工机床的种类繁多，加工方式各异，其加工原理不外乎有两种：________和________。

6. 成形法加工齿轮所用的刀具有________和________两种。

7. 当齿轮的模数和压力角都相同，齿数不同时，________和________各不相同。

8. 展成法加工齿轮，一种模数的任意齿数的齿轮只需________刀具，且加工的齿形比成形法加工的齿形更________，________更高。

9. 齿轮的无屑加工方法有________、________、________、________和粉末冶金等。

10. 齿轮齿面的热处理主要采用________________后再________，且通常在轮齿________、________进行。

11. 齿轮在热处理后会产生变形，故在精磨前须对________和________进行修整。

二、选择题

1. 当齿轮要求强度高、耐磨和耐冲击时，其毛坯常选用（　　）。

A. 铸件　　B. 棒料

C. 焊接件　　D. 锻件

2. 滚齿不能加工（　　）。

A. 直齿圆柱齿轮　　B. 斜齿圆柱齿轮

C. 内齿轮　　D. 蜗轮

3. 下列属于展成法加工齿形的刀具是：(　　)。

A. 盘形模数铣刀　　B. 指形模数铣刀

C. 成形砂轮　　D. 滚刀

4. 多联齿轮小齿圈的齿形加工一般选用（　　）。

A. 滚齿　　B. 插齿

C. 剃齿　　D. 珩齿

5. 最常用的齿轮齿廓曲线是：(　　)。

A. 圆弧线　　B. 摆线

C. 梯形线　　D. 渐开线

6. 用滚齿机加工齿轮的原理是：(　　)。

A. 成形法　　B. 展成法

C. 轨迹法　　D. 相切法

7. 利用盘形齿轮铣刀加工直齿圆柱齿轮的原理是：(　　)。

A. 成形法　　B. 范成法

C. 轨迹法　　D. 相切法

8. 下列加工方法中，能加工淬硬齿轮的是：(　　)。

A. 珩轮珩齿　　B. 指形铣刀铣齿

C. 盘形铣刀铣齿　　D. 滚齿刀滚齿

9. 下列属于展成法加工不淬硬圆柱齿轮齿形的加工工艺有（　　）。

A. 磨齿　　B. 滚齿

C. 铣齿　　D. 拉齿

10. 磨齿方法有（　　）。

A. 成形法加工　　B. 展成法加工

C. 仿形法加工　　D. 选项 A 和选项 B 都是

11. 单件生产内齿轮的加工方法是：(　　)。

A. 铣齿　　B. 滚齿

C. 插齿　　D. 粉末冶金制齿

三、判断题

1. 齿轮的材料对齿轮的加工性能和使用寿命有直接影响。（　　）

2. 展成法加工齿轮是利用齿轮刀具与被切齿轮保持一对齿轮啮合运动关系而切出齿形的方法。（　　）

3. 成形法加工齿轮是利用与被切齿轮的齿槽法向截面形状相符的刀具切出齿形的方法。（　　）

4. 成形法中加工表面是由刀刃包络而成的。（　　）

5. 滚齿加工属于成形法加工齿轮。（　　）

6. 滚齿主要用来加工各类外啮合的圆柱齿轮，但不易加工多联齿轮。（　　）

7. 插齿既可用于齿形的粗加工，也可用于精加工。（　　）

8．磨齿是齿形精加工的主要方法，它既可加工未经淬硬的轮齿，又可加工淬硬的轮齿。 （　　）

9．珩磨加工是对淬火热处理后的齿轮进行精加工的一种方法。 （　　）

10．一般来说，插齿的加工效率没有滚齿高。 （　　）

11．由于成形法的加工精度和生产效率比展成法高，因此汽车齿轮大多采用成形法加工。 （　　）

四、简答题

1．按照结构的工艺特点不同，汽车齿轮可分为哪几类？

2．如何制造齿轮毛坯？

3．齿轮主要加工表面应如何安排加工工序？

课题二　发动机连杆的制造工艺

一、填空题

1．发动机连杆由__________、__________和__________等部分组成。大头为__________结构，连杆体与连杆盖用__________连接。

2．连杆盖和连杆体的定位方式有__________定位、__________定位、__________定位和＿＿＿＿＿＿定位四种。

3．连杆毛坯的锻造工艺方案有两种：＿＿＿＿＿＿和＿＿＿＿＿＿。

4．连杆加工工艺过程的大部分工序都采用统一的定位精基准，即＿＿＿＿＿＿、＿＿＿＿＿＿及＿＿＿＿＿＿。

5．连杆大、小头孔的加工可分为＿＿＿＿＿＿、＿＿＿＿＿＿和＿＿＿＿＿＿三个阶段。

6．连杆大头孔的＿＿＿＿＿＿、＿＿＿＿＿＿和＿＿＿＿＿＿都是在连杆盖和连杆体合件后进行的。

二、选择题

1．最常用的连杆毛坯是：（　　）。

A．锻件　　B．铸件

C．焊接件　　D．型材

2．连杆承受冲击动态载荷，下列（　　）不是对连杆的要求。

A．质量小　　B．强度高

C．硬度高　　D．刚度好

3．连杆大头做成分开式的目的是：（　　）。

A．便于加工　　B．便于安装

C．便于定位　　D．以上都对

4．发动机连杆的材料一般采用 45 钢或 40Cr、35CrMo，并经（　　）处理，以提高其强度及抗冲击能力。

A．正火　　B．淬火

C．调质　　D．表面淬火

5．为保证发动机能运转平稳，连杆组内各连杆的质量差应不高于（　　）。

A．±1%　　B．±2%

C．±4%　　D．±6%

三、判断题

1．为了减轻质量，发动机连杆的杆身截面多为工字形，外表面需进行机械加工。（　　）

2．连杆零件大、小头端面的高度差一般在端面的粗加工阶段完成。（　　）

3．发动机连杆的结构形式直接影响机械加工工艺的可靠性和经济性。（　　）

4．大批、大量生产钢制连杆一般采用模锻锻造。（　　）

5．整体锻造的连杆盖，金属纤维是连续的，在强度方面优于分开锻造的连杆盖。（　　）

6．连杆锻件的精整与定位基准的选择对保证连杆的加工精度是很重要的。（　　）

7．实际生产中，粗铣两端面的夹具，应使夹紧力主方向与端面平行。（　　）

8．在成批生产中，连杆两端面多采用铣削加工。（　　）

9．连杆大、小头孔的加工是连杆加工中的关键工序。（　　）

10. 连杆小头孔的加工是连杆各部位加工中要求最高的部位，直接影响连杆成品的质量。 (　　)

四、简答题

1. 简述连杆毛坯的锻造工艺方案。

2. 简述连杆的工艺特点。

3. 简述连杆大、小头孔的加工工艺。

课题三　发动机曲轴的制造工艺

一、填空题

1. 发动机曲轴由若干个__________和__________及__________组成。单位曲柄是曲轴的基本组成部分，由__________、__________和__________组成。

2. 发动机曲轴主要采用的材料有__________、__________、__________等。

3. 对于性能要求高的碳钢或合金钢曲轴，除了毛坯作预先__________或__________外，在机械加工过程中，通常还要进行__________作为最终热处理。

4. 由于曲轴是高速旋转体零件，各主轴颈和连杆轴颈与轴瓦要在__________和__________条件下工作，对各轴颈的__________和__________均有较高的要求。

5. 在曲轴加工中，需要选择曲轴的__________基准、__________基准及圆周方向上的__________基准。

6. 曲柄臂上工艺定位面的周向定位精度低，只用于__________工序；法兰盘上的工艺孔定位精度高，可用于__________、__________和__________等精加工工序。

7. 曲轴的主要加工部位是__________和__________，次要加工部位是__________、__________、曲柄、螺孔、键槽等。

8. 曲轴的加工一般分为__________、__________、__________和__________四个阶段。

二、选择题

1. 在曲轴车床上装夹曲轴时应用（　　）。

A. 专用夹具　　B. 四爪卡盘
C. 双卡盘　　D. 偏心卡盘

2. 曲轴加工主要应解决（　　）的问题。

A. 装夹方法　　B. 机床刚度
C. 偏重　　D. 以上都是

3. 曲轴加工常用的装夹方法有（　　）。

A. 用两顶尖装夹　　B. 用一夹一顶装夹
C. 用偏心夹板装夹　　D. 用专用夹具装夹

4. 曲轴加工中，在曲柄轴颈或主轴颈之间安装支撑物和夹板，以提高曲轴轴颈的加工（　　）。

A. 刚度　　B. 强度
C. 硬度　　D. 平衡

5. 当大批生产小型发动机曲轴时，下列最好的装夹方法是：（　　）。

A. 直接用两顶尖装夹　　B. 偏心卡盘装夹
C. 专用偏心夹具装夹　　D. 使用偏心夹板在两顶尖间装夹

6. 在曲轴表面和过渡圆角处采取（　　）的工艺措施，可以显著提高曲轴的疲劳强度。

A. 渗碳、渗氮　　B. 表面淬火

C. 滚压、喷丸　　D. 镀铬

三、判断题

1. 曲轴的强度和刚度主要由单位曲柄的构造所决定。 ( )

2. 在曲柄的前端和后端装有平衡重块，用以平衡发动机旋转质量所产生的惯性力和力矩。 ( )

3. 大多数高速和中速发动机都采用整体式曲轴。 ( )

4. 必须采取平衡措施解决连杆轴颈加工时存在的不平衡。 ( )

5. 在不影响精加工的前提下，应尽量减小曲轴热处理后的精加工工序余量。 ( )

6. 小型车用发动机曲轴材料一般采用球墨铸铁和优质碳素钢。 ( )

7. 对于小型曲轴，在生产批量大时采用自由锻或镦锻。 ( )

8. 对性能要求不高的碳素钢曲轴，可通过锻件的正火或退火作为最终热处理。 ( )

9. 曲轴的角向定位可采用在曲柄臂上铣定位面和在法兰盘端面钻定位工艺孔的方法来实现。 ( )

10. 在制定曲轴的机械加工工艺过程中，为减小主轴颈的径向跳动可多次安排曲轴的校直。 ( )

11. 铣端面时钻中心孔是曲轴加工的第一道工序。 ( )

12. 曲轴有几何轴线和质量轴线两根轴线。 ( )

13. 成批、大量生产时，连杆轴颈的粗加工有车削和铣削两种方法。 ( )

四、简答题

1. 简述曲轴的结构工艺性。

2. 如何制造曲轴毛坯？

3．汽车发动机曲轴有哪几类加工定位基准？

4．简述曲轴机械加工的工艺过程。

课题四　箱体零件的制造工艺

一、填空题

1．汽车上的箱体零件，按其结构形状可分为两大类：一类是____________箱体零件，另一类是____________箱体零件。

2．箱体零件主要孔的形式可概括为__________、________及________三大类。

3．由于箱体结构复杂，毛坯中常有较大的铸造内应力，毛坯在机械加工前需经过____________和____________。

4．箱体零件上的孔系可分为__________孔系、________孔系和________孔系。

5．汽车箱体零件上的孔，按其工作性质和____________要求，可以分为____________和____________。

二、选择题

1．箱体类零件是机器的（　　）。

A．主动件　　　　B．从动件

C．基础件　　　　D．导向件

2. 箱体上（　　）的工艺性最好。

A. 盲孔　　B. 通孔

C. 阶梯孔　　D. 交叉孔

3. 箱体一般选择（　　）加工方法。

A. 铸造　　B. 锻造

C. 焊接　　D. 冲压

4. 为消除一般箱体类铸件的内应力，应采用（　　）处理。

A. 正火　　B. 调质

C. 时效　　D. 表面热

5. 成批、大量生产中，变速箱壳体孔系加工的精基准应选择（　　）。

A. 前后端面两个同轴轴承座孔和另一轴承座孔

B. 顶面及一侧面

C. 底面及底面两孔

D. 顶面及顶面两孔

6. 尺寸较大的箱体零件主要平面的加工，一般在（　　）上进行。

A. 龙门刨床或龙门铣床　　B. 车床

C. 普通铣床　　D. 磨床

7. 加工箱体时，通常用箱体的（　　）来定位。

A. 面　　B. 孔

C. 安装基准　　D. 划线

8. 加工箱体零件时，一般要用箱体上重要的孔做（　　）。

A. 工件的夹紧面　　B. 精基准

C. 粗基准　　D. 测量基准面

9. 加工平行孔系的主要技术要求是各平行孔中心线之间及孔中心线与基准面之间的距离尺寸精度和（　　）。

A. 表面粗糙度　　B. 同轴度

C. 垂直度　　D. 相互位置精度

10. 加工交叉孔系的主要技术要求为各孔间的（　　）。

A. 平行度　　B. 垂直度

C. 同轴度　　D. 圆度

11. 成批生产中，箱体上同轴孔的同轴度几乎是由（　　）来保证的。

A. 车削　　B. 铣削

C. 镗模　　D. 磨削

12. 单件、小批生产中，箱体同轴孔箱壁相距较远时，其同轴孔加工可采用（　　）。

A. 镗模法　　B. 利用已加工的一端孔导向

C. 找正法（调头镗）　　D. 以上选项都对

13. 分离式箱体最先加工的是箱盖和箱座的（　　）。

A. 前面　　B. 后面

C. 对合面　　D. 上面

三、判断题

1. 箱体零件的加工质量，对箱体部件装配后的精度有决定性的影响。（　　）
2. 阶梯孔的孔径相差越小，工艺性越好。（　　）
3. 孔系加工所用的方法完全一样。（　　）
4. 设计箱体零件加工工艺时，常采用基准统一原则。（　　）
5. 根据生产类型不同，以主轴孔为粗基准的工件安装方式不一样。（　　）
6. 箱体零件精基准的选择常有两种原则：基准统一原则和基准重合原则。（　　）
7. 加工箱体零件时，先加工孔、后加工平面是机械加工顺序安排的规律。（　　）
8. 划线找正法一般只用于单件、小批生产。（　　）
9. 采用坐标法加工孔系时，应特别注意基准孔和镗孔顺序的选择。（　　）
10. 刨削是指刨刀与工件作水平方向相对直线往复运动的切削加工方法。（　　）
11. 镗孔中若夹紧力过大或作用点不当，容易产生夹紧变形。（　　）
12. 镗杆受力变形是影响镗孔加工质量的主要原因之一。（　　）

四、简答题

1. 箱体零件有哪些主要技术要求？

2. 如何确定箱体零件加工的粗基准？

3．如何确定箱体零件加工的精基准？

4．在加工箱体零件的主要表面时有哪些原则？